"互联网+"时代教师教育信息技术应用丛书

微信小程序的教育应用

欧启忠/编著

图书在版编目（CIP）数据

微信小程序的教育应用 / 欧启忠编著. -- 北京：
北京时代华文书局，2020.8（2021.11重印）

ISBN 978-7-5699-3855-5

Ⅰ.①微… Ⅱ.①欧… Ⅲ.①网络教学 Ⅳ.
①G434

中国版本图书馆CIP数据核字（2020）第138670号

微信小程序的教育应用
Weixin Xiaochengxu de Jiaoyu Yingyong

| 编　　著 | 欧启忠 |

出 版 人	陈　涛
选题策划	高　栋　庞　强
责任编辑	李　兵
装帧设计	何珍妮
责任印刷	訾　敬

出版发行	北京时代华文书局　http://www.bjsdsj.com.cn
	北京市东城区安定门外大街138号皇城国际大厦A座8楼
	邮编：100011　　电话：010-64267955　　64267677
印　　刷	北京盛通印刷股份有限公司　电话：010-52249888
	（如发现印装质量问题，请与印刷厂联系调换）

开　　本	787mm×1092mm　1/16	印　张	12	字数	100千字
版　　次	2021年2月第1版	印　次	2021年11月第2次印刷
书　　号	ISBN 978-7-5699-3855-5
定　　价	78.00元

版权所有，侵权必究

前　言

在移动互联网浪潮下，大数据的产生简化了人们对世界的认知，人工智能、云计算、物联网的介入改变了传统的教育教学，为教师的日常工作带来许多便利，例如智能评测实现个性化辅导、在线制作图文课件、线上班级管理及家校互动等，教育与网络媒介的融合对现代教育产生了深远的影响。回望过去，媒体传播对知识的传授起着举足轻重的作用，随着科技的进步，教育对媒体传播又提出了更高的诉求。

互联网和新媒体正推动着教育教学的变革。互联网是利用数字技术、网络技术，向用户提供信息和服务的传播平台。新媒体是新技术体系支撑下出现的新的媒体形态，它有别于书刊、广播、电视等传统媒体，包括数字书刊、数字广播电视、互联网络、触摸媒体等新形态。互联网和新媒体都是现代技术革命的产物，它们具有四个特性：一是信息的时效性与交互性；二是信息的海量性与共享性；三是传播信息方式的个性化；四是表现形式的多样性。互联网和新媒体的出现给现代社会带来了先进的科学技术和便捷的媒体平台，对社会的发展和科技的进步起到了积极的推动作用，具有划时代的意义。

本书是为教师教育信息技术应用培训和学习服务的工具书，选取与教学相关且具有代表性的微信小程序，将微信小程序应用于日常教育教学，实现教育教学与手机端相融合，简化教育教学的工序，为教师带来便利。本书具有两个特点：（1）实现移动学习。书中每个主题都配有微视频和案例实操，学习者只要通过手机等移动终端扫描二维码，便可随时随地观看微视频，了解每个小程序的操作步骤。（2）实现知识的碎片化学习。由于起点不同、基础不一，读者可根据自己的实际情况查缺补漏、进行碎片化学习，实现学习的有效性和知识体系的完整性。

　　本书的内容共分为六个模块，即教师教学应用，班级管理，图文、课件与微课制作，家校互动，办公应用，自主学习。每个模块中的每个主题都是以教师在教学和管理中可能遇到的问题为导向，提出具有可行性的技术策略，让学习者掌握解决问题的方法和技巧。

　　本书的编写和微视频的制作得到了南宁师范大学相关教师和学生们的大力支持。各模块参与的作者分别是：模块一"教师教学应用"，杨侨丽、李月美、黄慧晶；模块二"班级管理"，熊华珍、陆芳梅、庞丽锦、林楚如、李燊、韦桂喜；模块三"图文、课件与微课制作"，罗文伶、勾春艳、刘树海、朱雪琴、杨妙、庞旭利、杨侨丽；模块四"家校互动"，杨婵、张金容、黄泽平、周子伦、胡洁、何珍妮；模块五"办公应用"，王培静、陈诗颖、张婉琼、金素诚、尹颖慧、唐玉荣、陈东玲；模块六"自主学习"，何珍妮、梁小薇、荣泽玥。何珍妮负责全书的排版和封面设计，陈东玲、杨侨丽负责全书的统稿。本书的出版得到了广西教育技术学学会的支持，在此一并表示衷心感谢！

　　本书尚有不足，恳请读者和专家批评指正。

目录

模块一 教师教学应用 ················· 1

1. 在线辅助教学——群课堂Pro ················ 2
2. 精确评价学生课堂表现——北极星AI ············ 6
3. 布置作业打卡查成绩——作业登记簿 ·········· 13
4. 高效易用的问卷调查工具——趣问卷 ·········· 22
5. 一线教师期末减负神器——小评语 ············ 29
6. 教案、课件、试卷、教学计划——教案库 ······ 37
7. 通过拍照快速批改口算练习——托比口算 ······ 42

模块二 班级管理 ······················· 47

1. 家庭作业管理工具——小小签到 ·············· 48
2. 班级协同管理工具——班小二 ················ 53
3. 班级事务高效管理——班级学习小助手 ········ 58
4. 班级事务管理好帮手——接龙管家 ············ 64
5. 班级管理好轻松——叮咚班级 ················ 70

模块三 图文、课件与微课制作 ·················· 77
    1. 手机制作教学课件——口袋PPT ················ 78
    2. 更轻便的移动教学——速绘微课 ················ 86
    3. 简单又好用的在线思维导图——凹脑图 ········ 92
    4. 好用的图文创作工具——第二空间 ············ 100
    5. 让你的文档会说话——微软听听文档 ········ 107
    6. 简单易用平面设计工具——Fotor懒设计 ······ 113

模块四 家校互动 ································ 119
    1. 高效易用的家校沟通小程序——班级小管家 ··· 120
    2. 班级老师与家长互动更简单——班级帮 ······ 125
    3. 班级群管理工具——旺学业 ················ 130
    4. 让家校沟通变得更容易——家校大师 ········ 134
    5. 家长可以代管的"学习神器"——学哦 ······ 139

模块五 办公应用 ································ 147
    1. 图片转文字工具——传图识字 ·············· 148
    2. 多人实时协作的在线Office——金山文档 ···· 151
    3. 识别图片文字小助手——微软AI识图 ········ 154
    4. 多人协作在线文档——腾讯文档 ············ 157
    5. 文字转语音工具——讯飞快读 ·············· 161

模块六 自主学习 ································· 165

1. 古诗词朗诵——诗词文言文 ················ 166
2. 专业的普通话考试评分系统
   ——普通话学习评分 ················ 170
3. 中小学有声语文教材——语文示范朗读库 ······ 175
4. 政治高考必刷题 ················ 178
5. 纯正英语发音及人工智能矫正
   ——英语点读机ABC ················ 182

模块 One

教师教学应用

1. 在线辅助教学——群课堂 Pro

扫码演示

扫一扫，观看该案例的微视频。

应用情景

以语音授课或视频授课的形式对学生进行线上教学，结束后一键布置作业，轻松打破时空限制，解决特殊情况无法上课的难题。

技术策略

"群课堂 Pro"小程序操作简单，课程模块适用于教师进行线上教学，方便快捷。

案例实操

步骤1 登录"群课堂Pro"。

微信搜索**"群课堂 Pro"**进入小程序，如图 1-1 所示。此处我们以教师身份使用该小程序为例，在"我的"模块页面点击**"切换为讲师"**，如图 1-2 所示。

图1-1　扫码登录群课堂

图1-2　"我的"页面

步骤2 进入课程页面。

登录后，点击**"管理"**模块，点击**"课程"**，选择你想创建的课程类型，进入编辑窗口，这里采用语音授课的方式示范，如图1-3、图1-4所示。

图1-3　管理菜单页面

图1-4　可选择的课程类型

步骤3 **上传课件**。

进入课程编辑页面后，填写相关信息并上传手机中的 PPT 课件。因为微信上传图片的上限是 9 张，多余的课件可以分批上传，如图 1-5 所示。

图1-5 上传课件 　　　　图1-6 上课界面

步骤4 **分享程序**。

点击右上角的"**分享**"将课程分享至班级的微信群中，让学生点击"报名"进入课堂。待学生们进入完毕后，点击下面的"**开始上课**"即可进入上课界面，如上图 1-6 所示。

步骤5 上课界面可看到已上传的PPT，以及可供管理的界面。点击"**操作**"可进行向同学们发送消息、查看学员列表等操作，如图1-7所示。点击下方"**开始上课**"后，系统会申请麦克风权限，同意后便可开始本次教学。同学们会在学生端中听到教师的声音以及看到老师的操作。

图1-7 操作　　　　　　图1-8 作业布置界面

步骤6 课堂结束后，回到管理模块中的**"作业"**，再点击界面的右下角的加号，点击**"布置作业"**即可向同学们布置作业，如上图1-8所示。

拓展练习

"群课堂Pro"小程序除了进行普通的授课、布置作业外，还可以发通知，请点击【管理】—"通知"，发布上课内容的书面小结。

2. 精确评价学生课堂表现——北极星 AI

扫码演示

扫一扫，观看该案例的微视频。

应用情景

对学生的课堂表现作点评并总结课堂知识点，让学生家长了解学生的课堂表现，并在学生复习知识点时做到有迹可循，帮助教师与家长高效沟通，辅助教师高效教学。

技术策略

"北极星 AI"是集"智能化测评、标准化教学、可视化服务"为一体的教育教学助手软件，针对线上线下教学痛点，打造智能备课、教研与作业系统，助力教师大规模因材施教。

案例实操

步骤1 搜索并登录"北极星AI"小程序。

打开微信在搜索栏里输入"北极星AI",点击进入小程序。"北极星AI"小程序分为学生端和教师端,用户可根据需求进行选择,现以教师端为例进行示范。如图1-9所示。

图1-9 搜索并登录北极星AI微信小程序

步骤2 选择班级形式。

点击"**我是教师**"自动登录后,进入主页可选择"**临时班级**"或"**学校班级**",选择"**学校班级**"需绑定教师端并填写相关信息,填写完毕绑定即可,如图1-10所示。

图1-10 选择班级形式

步骤3 **进入班级设置班级信息。**

选择临时班级，点击方块图标进入班级页面，如图1-11所示。

图1-11 进入班级

进入班级页面后，点击设置图标设置班级信息，如图1-12所示。

图1-12　设置班级信息

步骤4　**邀请学员加入班级**。

回到班级主页，点击**"邀请学员加入"**，即可生成邀请二维码。将此二维码发送给学生即可邀请学生进入班级，如图1-13所示。

图1-13　邀请学生进入班级

步骤5 **发布作业与任务**。

学生进群后回到主页，可点击**"班级通知"**发布作业或者其他学习任务，如图1-14所示。

图1-14　发布班级通知

步骤6 **点评学生**。

发布班级通知后回到主页，点击**"发布学习报告"**，完成学生点评工作，如图1-15所示。

图1-15　发布学习报告

学生点评包括知识掌握、课堂表现以及老师评语三类，注意，课堂表现最多可选择两个加分项，如图1-16所示。

图1-16 填写学习报告

步骤7 填写课堂反馈。

点评结束后"**保存点评**",点击"**课堂总结**"进行课后反馈。课后反馈包括"**本次课重点回顾**"和"**本次课课后作业**"。做完课堂总结后可点击"**生成并发布报告**"将总结发送至家长群,如图1-17所示。

图1-17 课堂反馈及发布班级报告

拓展练习

"北极星 AI"小程序实用性强,教师可用于精准评价学生的课堂表现,还可以让学生利用 AI 魔镜功能检测知识点掌握程度。请选择【我是学生】角色—"AI 魔镜"—"生成人工智能测评报告",检测学生的知识点掌握程度。

3. 布置作业打卡查成绩——作业登记簿

扫码演示

扫一扫，观看该案例的微视频。

应用情景

一键布置作业，学生无须抄写作业带回家，对学生完成家庭作业的情况进行实时跟踪了解；线上查询成绩，成绩动态一目了然，让家长掌握学生的第一手学习反馈。

技术策略

"作业登记簿"小程序包括布置作业、发布公告、批改作业、登记成绩、分析成绩、评价交流等一系列师生互动的功能，方便快捷。

案例实操

步骤1 登录"作业登记簿"小程序。

微信搜索并打开"作业登记簿"，点击绿色**"确认授权"**按钮，弹出登录窗口，点击右下角绿色**"允许"**按钮，如图1-18所示。

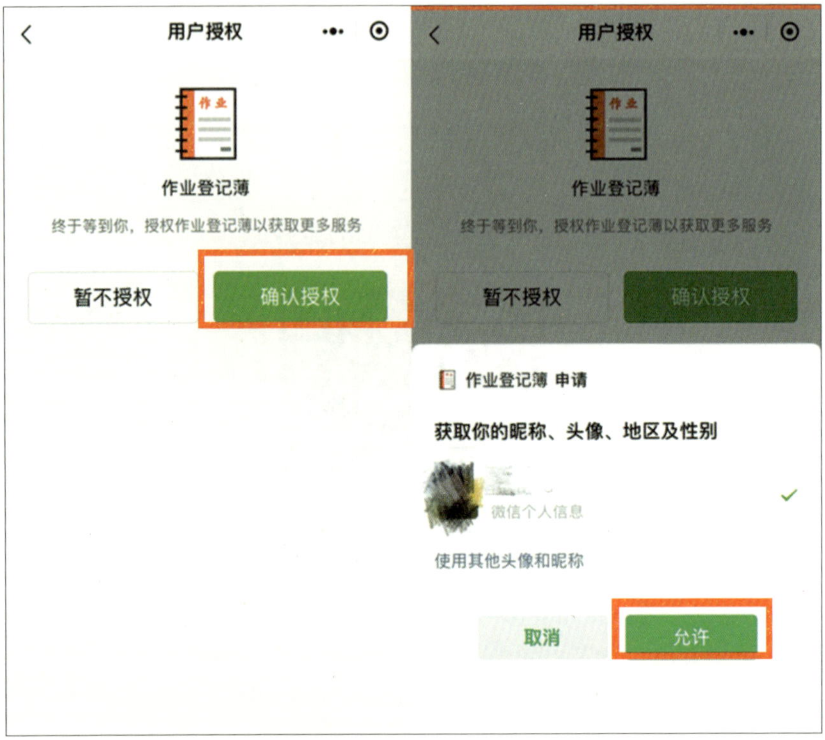

图1-18 登录作业登记簿

步骤2 **创建班级**。

如图1-19所示，登录后，选择**"创建新班级"**（如1）。

填写班级设置信息，点击**"保存设置，下一步"**（如2）。

系统自动跳转到设置身份页面，管理员按实际情况填写自己的身份信息并按**"确定"**（如3）。

班级正式创建成功，点击**"分享"**按钮即可分享给班级成员，均可发送到微信群或个人（如4）。

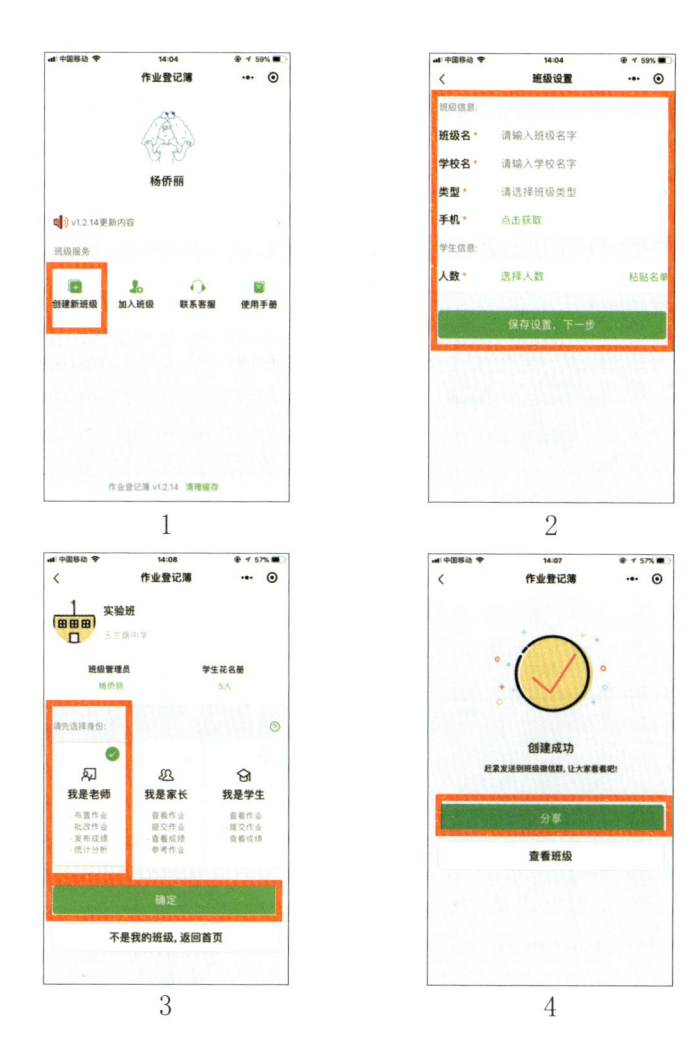

图1-19 创建班级

步骤3 布置作业。

如图1-20所示，进入班级，选择**"布置作业"**（如1）。

教师可选择发布班级作业或小组作业，再描述作业详情，点击绿色的**"发布作业"**按钮即可（如2）。

回到作业页面，即可查看刚刚发布的作业（如3）。

若发布的作业忘记提交图片，或是发布作业有误，可以进入该份作业，点击右上角的下拉按钮，重新编辑或删除作业（如4）。

微信小程序的教育应用

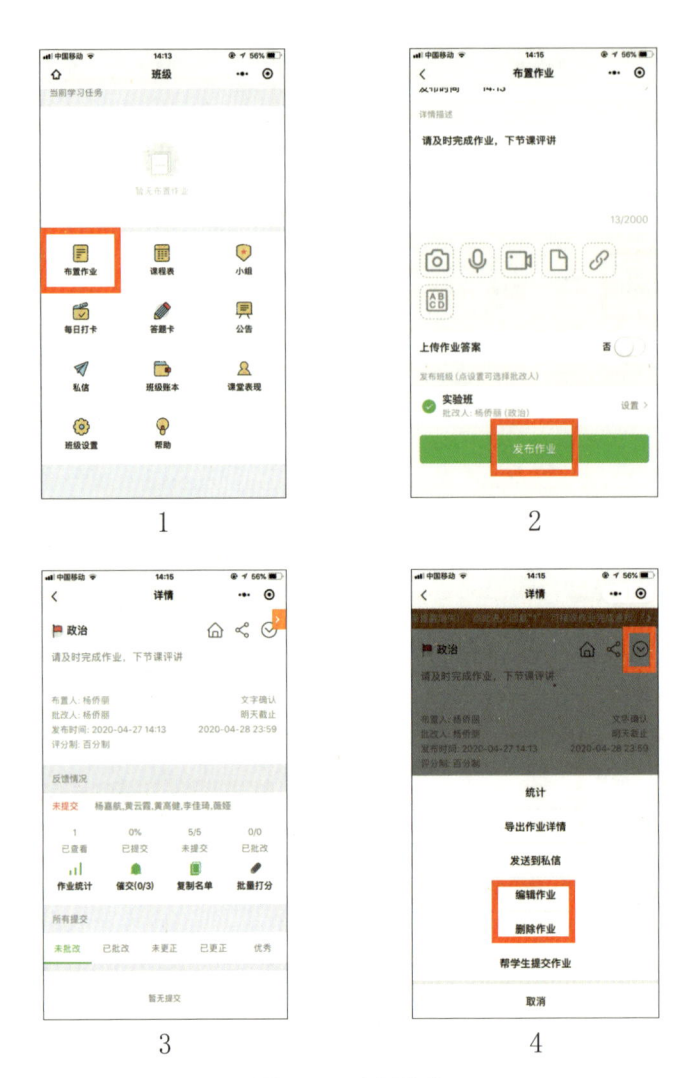

1 2 3 4

图1-20 布置作业

步骤4 **布置打卡作业。**

如图 1-21 所示，进入班级首页，点击"打卡"按钮，点击"**创建每日打卡**"（如1）。系统自动跳转到第二个页面，填写打卡作业的详情描述，点击"**创建每日打卡**"（如2）。跳转到下一个页面后，点击"**立即发布**"即可（如3）。创建成功后，在打卡页面即可查看打卡作业详情（如4）。

教师教学应用　　模块一

1　　　　　　　　　2

3　　　　　　　　　4

图1-21　布置打卡作业

步骤5 **批改作业**。

　　如图 1-22 所示，进入相应班级，在"**当前学习任务**"处，找到需要批改的作业（如1）。点击后，即可跳转查看作业提交情况。点击右下角"**笔**"状按钮开始批改作业（如2）。批改学生提交的作业，可设置隐藏评分和优秀作业，评分和评价后点击"**提交批注**"即可（如3），如图 1-22 所示。

17

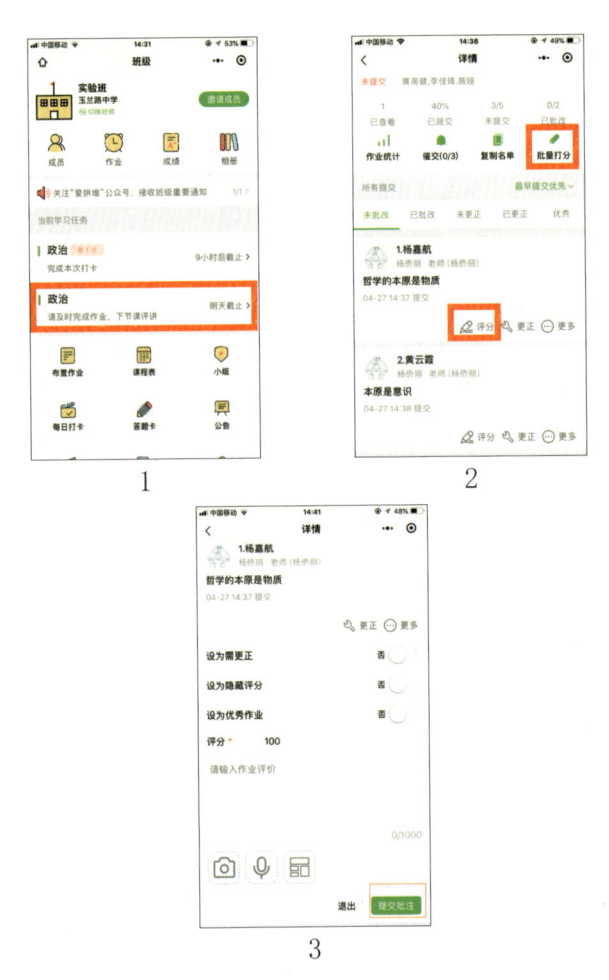

图1-22 批改作业

> **步骤6** 发布考试成绩。

如图1-23所示，进入班级，点击**"成绩"**（如1），页面跳转后，点击**"登记成绩"**（如2）。填写考试情况和学生分数后，按**"保存"**按钮（如3）。确认保存成绩后，自动跳转回成绩首页（如4）。点击进入查看考试详情，还可点击**"历次成绩分析"**查看成绩变化（如5）。选择右上角的下拉按钮，可选择导出考试成绩为Excel表格，或点击**"编辑成绩"**可重新编辑考试详情及分数，还可以发送私信到微信群或个人（如6）。

教师教学应用　　模块一

1　　2　　3

4　　5　　6

图1-23　发布考试成绩

步骤7 考试成绩合并总分。

如图1-24所示，点击进入班级，点击**"成绩"**按钮（如1）。页面跳转后，选择**"总分"**，系统自动跳转，可选择**"从已发布成绩中合并"**，也可选择**"直接登记"**（如2）。选择需要合并的单科成绩（如3）。系统自动产生一份新的成绩，默认生成考试名称、日期、时间和评分制，若有问题可重新编辑修改，确认信息无误，点击**"保存"**按钮即可（如4）。

微信小程序的教育应用

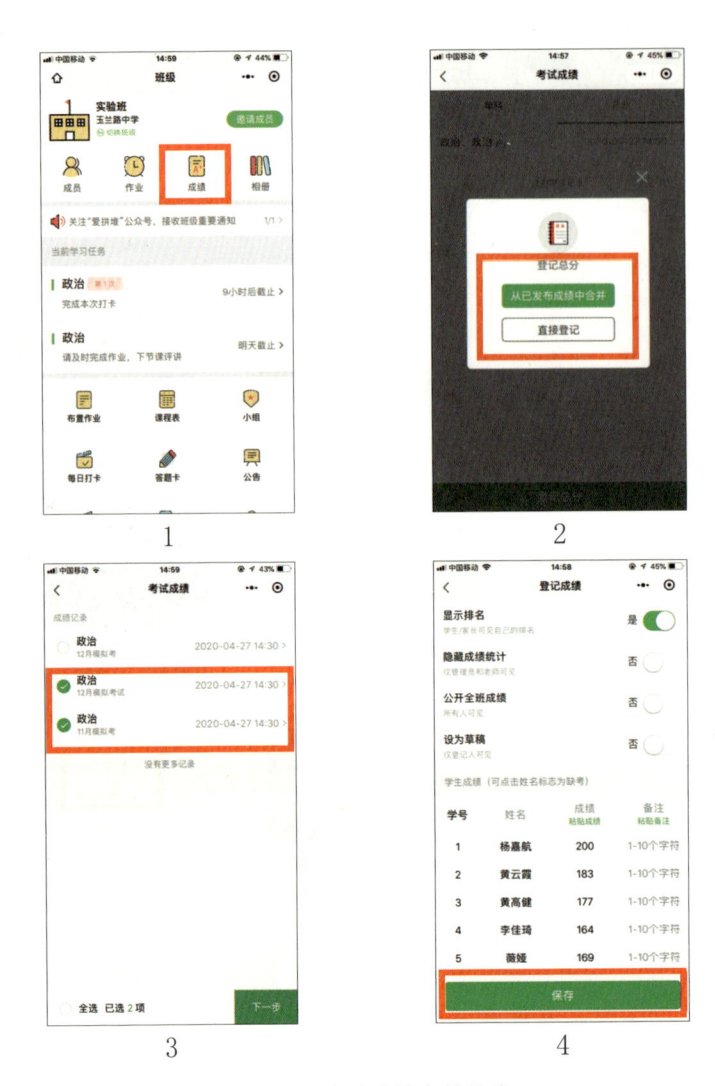

1　　　　　　　　2

3　　　　　　　　4

图1-24　考试成绩合并总分

步骤8　**课堂表现**。

如图1-25所示，点击进入班级，点击"**课堂表现**"，系统跳转后，点击"**去登记**"（如1）。编写课堂表现详情，选择科目以及编写内容，完成后点击"**保存，下一步**"（如2）。下一个页面，点击"**查看详情**"（如3）即可进入课堂表现详情（如4），还可以选择"**一键通知所有家长**"。

图1-25 课堂表现

➕ 拓展练习

"作业登记簿"功能强大，教师可用于私信学生，还可发布公告，通知学生重要事项。请点击【进入班级】—"公告"—"新增公告"，向班级成员发送班级通知。

4. 高效易用的问卷调查工具——趣问卷

扫码演示

扫一扫，观看该案例的微视频。

应用情景

对各科教学情况进行简单调查，对科研数据进行详尽分析，让数据可视化、具体化，提高教学或工作效率。

技术策略

"趣问卷"可直接在手机端制作调查问卷，其操作简单易上手，教师可直接在微信小程序导出 Word、Excel、TXT 等类型的统计结果，省时省力。

案例实操

步骤1 搜索微信小程序"趣问卷"。

打开微信，在"**发现**"按钮中点击"**小程序**"并搜索"**趣问卷**"，

教师教学应用　　模块一

如图 1-26。

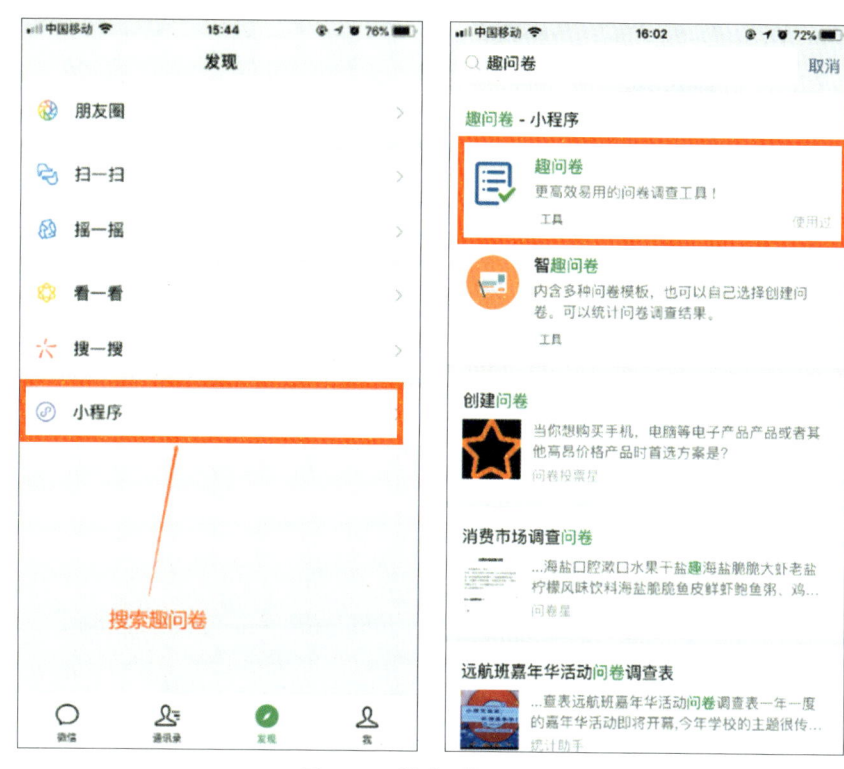

图1-26　搜索"趣问卷"

步骤2　**创建问卷**。

进入"趣问卷"界面后，点击**"创建问卷"**按钮，可制作新问卷，如图 1-27 所示。也可使用**"快速创建"**按钮创建问卷，同样在"趣问卷"小程序界面点击**"快速创建"**按钮，进入快速创建界面。**"快速创建"**可通过问卷文字识别和模板导入两种方式创建问卷，输入问题后点击"确定"按钮即可，如图 1-28 所示。

微信小程序的教育应用

图1-27 创建问卷

图1-28 快速创建

步骤3 设置问卷信息。

点击"**创建问卷**"按钮进入问卷创作区,可按照指示依次填写问卷的题目和其他相关信息,如图1-29所示。

图1-29　设置问卷信息

步骤4　**编辑问卷**。

设置完问卷信息后，点击"**下一步**"按钮，在"**添加题目**"一栏中添加题目，即可输入问卷的问题，设置问题的类型、选项等，如图1-30所示。

图1-30　编辑问卷

微信小程序的教育应用

同时，也可通过"**文本导入**"的方式编辑问卷，在"**题目**"一栏中选择"**文本导入**"，将文本复制到文字识别框，点击"**确定**"，即可生成问卷问题，如图 1-31 所示。

图1-31　文本导入编辑问卷问题

步骤5　**预览并转发问卷**。

问卷编辑结束后，即可预览问卷并点击"**转发**"按钮将问卷发送至微信群让调查对象填写，如图 1-32 所示。

图1-32　预览并转发问卷

步骤6 统计结果。

问卷停止发放后,可点击**"统计结果"**查看问卷结果,也可通过导出 Word、Excel、TXT 等查看答卷结果,如图 1-33 所示。

图1-33　查看统计结果

步骤7 查看、编辑往日问卷。

用户可回到"趣问卷"首页,点击**"我的"**按钮,再查看曾经创建的问卷和填写的问卷,如图 1-34 所示。

图1-34　查看、编辑往日问卷

拓展练习

"趣问卷"是一款功能强大的问卷工具,教师们可用于制作各种问卷。1. 请点击【广场】—"综合",参考他人制作一份有关某课程的满意度调查问卷。2. 请进入问卷编辑页面,关闭**"广场:不在广场显示"**按钮,回到广场查看自己发布的问卷。

5. 一线教师期末减负神器——小评语

扫码演示

扫一扫，观看该案例的微视频。

应用情景

快速根据维度配置评语，给出符合学生特质且不尽相同的期末评语，帮助减轻一线教师负担，提高工作效率。

技术策略

"小评语"是一款简易生成评语小程序，自定义生成评语模块对教师而言实用性较强，方便教师快速生成学生评语，高效方便。

案例实操

步骤1 **搜索"小评语"。**

打开微信，搜索微信小程序"小评语"，进入"小评语界面"，如图1-35所示。

图1-35　搜索小评语

步骤2　**登录小评语**。

进入小评语界面后，单击"**我的**"按钮，进入页面后点击"**请登录**"按钮，如图1-36所示。

图1-36　"请登录"小评语

点击"**请登录**"后点击"**申请授权**"和"**允许**"按钮，如图1-37所示。

图1-37 授权登录小评语

步骤3 **创建班级**。

登录成功后回到主页，点击"**自定义生成**"按钮，点击"**新增或编辑班级**"增添新班级，如图1-38所示。

图1-38 新增班级

点击"➕"图标，填写班级名称，如图1-39所示。

图1-39 编辑班级名称

> **步骤4** **添加班级成员**。

点击班级名称进入添加成员页面，可通过"**导入**"和"**增加**"两个按钮添加，如1-40所示。

图1-40 添加班级成员

通过"**导入**"按钮添加新成员需要提前准备一份 Excel 表格且带有姓名一列的花名册，点击"**导入**"按钮，导入准备好的花名册即可，如图 1-41 所示。

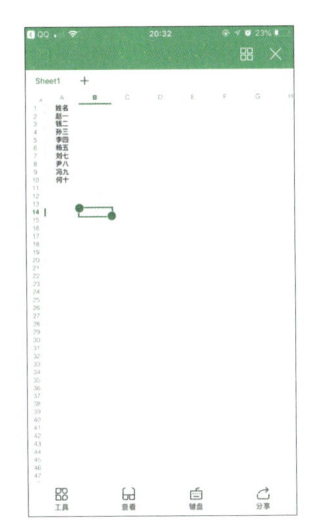

图1-41　通过"导入"添加班级成员

通过"**增加**"按钮添加班级成员时，输入学生姓名，点击"**确定**"即可。如图 1-42 所示。

图1-42　通过"增加"添加班级成员

> **步骤5** 自定义生成评语。

回到"小评语"主页面,点击"**自定义生成评语**"按钮,选择创建好的班级并点击"**下一步**"按钮,如图1-43所示。

图1-43 选择班级

"**自定义生成评语**"按八个维度配置,分别是"期望""成绩""工作""作业""发言""课堂""纪律""印象"。每个维度都会像"期望"这一维度一样,选择在某一维度好与不好的学生,如图1-44所示。

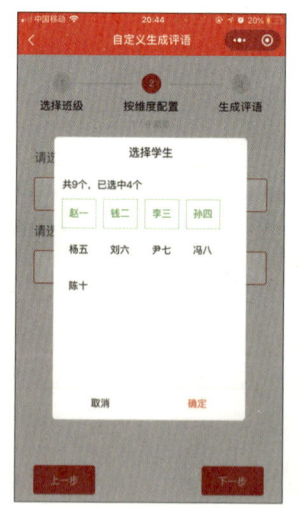

图1-44 按照维度选择对应的学生

八个维度都选完后，点击**"开始生成"**按钮生成班级成员的评语，此次演示以赵一和钱二同学的评语为例，如图1-45所示。

图1-45　生成评语

步骤6　**导出、预览、分享评语**。

　　生成评语后可点击**"导出"**按钮，小程序会提醒用户导出需要时间，是否确定导出评语。点击**"确认"**后，可预览和分享评语，如图1-46所示。

图1-46　导出、预览、分享评语

拓展练习

"小评语"小程序操作简易,教师可用于期末写学生评语,可按维度自定义生成评语,也可以快速生成或随机生成评语。请点击【快速生成】,输入需要评论的学生姓名,快速生成学生评语。

6. 教案、课件、试卷、教学计划——教案库

扫码演示

扫一扫，观看该案例的微视频。

应用情景

快速制作PPT课件，参考优秀案例写出独具风格的优质教案，轻轻松松备好课，提高教师课前的工作效率。

技术策略

"教案库"小程序包含大量教师备课及上课所需的资源和素材，能够帮助教师制作知识点齐全、结构精美的课件，省去教师查找课件和资源的时间与精力。

案例实操

步骤1 登录"教案库"小程序。

打开微信，在右上角添加朋友那里搜索"教案库"，点击**"教案库"**

微信小程序的教育应用

小程序，在"**我的**"那里进行登录，如图1-47所示。

图1-47 登录"教案库"小程序

步骤2 选择需备课的学科。

登录成功后回到首页，点击"高中"，选择"**高中政治**"，如图1-48所示。

图1-48 选择高中课件

步骤3 选择需备课的具体单元和课时。

在选择高中政治之后,点击"**必修二**",在里面选择"《**民主决策作出最佳选择**》",如图1-49所示。

图1-49 选择制作课件的内容

若资源太多,难以找到所需的课件或教案时,可在小程序菜单栏点击"**搜索**"按钮,选择"**学段**""**学科**",并输入课文标题,即可获得相关内容,如图1-50所示。

图1-50 搜索教案

> 步骤4　**查看教案**。

点击"《民主决策作出最佳选择》",任意选择一个课件,浏览整个课件时下拉到最底部,点击**"看完整版"**按钮即可,如图1-51所示。

图1-51　选择查看完整版的课件

> 步骤5　**下载课件**。

看到合适的课件并想为己所用时,点击**"下载"**按钮,将链接复制到手机或者电脑的浏览器,如图1-52所示。

图1-52　下载课件

步骤6 **上传课件**。

想将课件上传到电脑进行修改时，可点击**"传到电脑"**按钮，提示框会显示相关网址以及操作指示，如图1-53所示。

图1-53 传课件进电脑

拓展练习

"教案库"小程序涵盖了幼儿园、小学、初中、高中的教案资源，一线教师不仅可以利用其快速备课，还可分享教学经验供他人参考。请打开【教育圈】—"全部"—"我来推荐好文章"，开启分享教学经验之旅。

7. 通过拍照快速批改口算练习——托比口算

扫码演示

扫一扫，观看该案例的微视频。

应用情景

帮助一线教师通过拍照快速批改口算练习，辅助学生练习口算，快速提升教学效率和学生口算能力。

技术策略

"托比口算"是一款批改口算题的小程序，教师可用于批改口算，方便快捷。

案例实操

步骤1 登录"托比口算"小程序。

直接在微信小程序里搜索"托比口算"，微信登录，如图1-54所示。

教师教学应用　　模块一

图1-54　搜索登录"托比口算"

步骤2 批改算术题。

按返回键退出到主菜单，单击中间的**"拍照检查"**，将学生写的算术题拍照，"托比口算"小程序会自动识别算术题并批改，如图1-55所示。

图1-55　批改算术题

若算术题结果全对，页面会弹出鼓励性语言并显示批改结果，如图 1-56 所示。

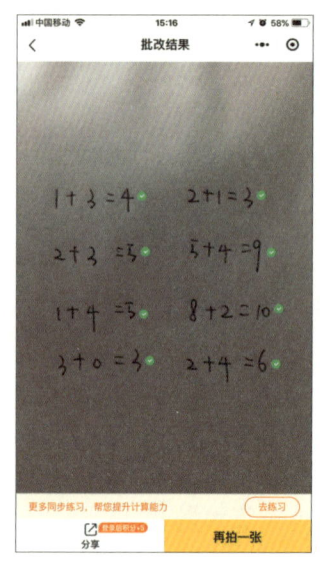

图1-56　算术题结果全对

若算术题结果有错，页面直接显示批改结果，用户可点击错题中的"？"查看错题解释，如图 1-57 所示。

图1-57　算术题结果有误

同时，该小程序支持相关的配套练习册和多种题型，其中每个题型包括"**练习册支持**"和"**口算本题型支持**"两种，如图1-58所示。

图1-58 "托比口算"小程序支持的练习册和题型

拓展练习

"托比口算"小程序操作简易，教师可用于批改口算作业，还可以作为学生练习口算的工具，在教学中使用。请打开【立即口算】，选择对应的单元内容让学生们做口算练习。

模块 Two

2 班级管理

1．家庭作业管理工具——小小签到

扫码演示

扫一扫，观看该案例的微视频。

应用情景

对学生完成家庭作业的情况进行实时跟踪了解，查看已完成作业记录，督促未完成作业的学生，让作业动态一目了然，家校之间互动更有效。

技术策略

"小小签到"是一款免费签到打卡小程序，其中的"班级签到"模块适用于教师对于班级作业的发布和管理，方便快捷。

案例实操

步骤1 登录"小小签到"。
打开微信搜索"小小签到"小程序。

班级管理　　模块二

步骤2　**创建签到活动**。

在"**新建签到**"界面有"创建会议签到""创建普通签到"和"创建班级"3个模块，如图2-1所示。

图2-1　小小签到主页面

步骤3　**创建班级**。

在"**新建签到**"界面，点击"**创建班级**"，进入创建界面，输入相关的班级信息，设置参与人数可不限，也可自定义。设置结束后点击"**确认**"，班级创建成功，如图2-2所示。

图2-2　创建班级

微信小程序的教育应用

步骤4 **布置作业**。

班级创建成功后，小程序弹出提醒页面"不布置作业的话参与者无法完成签到哦"。点击**"布置作业"**，可选择"单次作业"布置作业，如图2-3所示。

图2-3 布置作业

输入作业标题、内容，设置作业开始、截止时间，作业的形式。布置成功之后，可在**"全部作业"**实时看到有几人提交了作业，以及有哪位成员未完成作业。（注意：每日打卡和单次作业，都可以创建多个。进行中的作业，不超过10个即可，如图2-4所示。）

图2-4 布置单次、每日打卡作业

发起人布置作业后，可把签到活动分享到班级群，让家长参与签到。参与前，家长必须填写学生姓名和手机号码，方便老师管理学生，如图2-5所示。（如果不需要收集学生信息，请创建普通签到，班级签到活动的参与者都必须输入身份信息。）参与成功后，教师布置作业，家长会收到作业提醒。

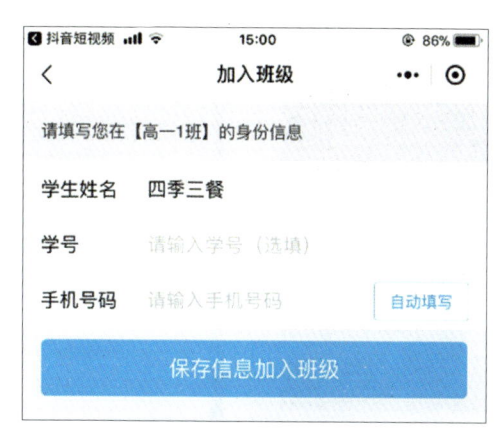

图2-5　收集学员信息

步骤5　**提交作业**。

进入班级签到活动，在**"进行中的作业"**中选择需要提交的作业，按作业要求提交即可，如图2-6所示。

图2-6　提交作业

> 步骤6 **签到活动分享**。

　　进入签到活动，点击**"转发邀请"**，即可选择分享到微信好友或者群聊。若要分享至朋友圈，则可选择**"每日日签"**，把图片发到朋友圈，好友识别图中的二维码即可进入你的签到活动，如图2-7所示。

图2-7　分享签到活动

拓展练习

　　"小小签到"小程序操作简易，教师可用于管理班级家庭作业，还可以作为上课随机点名的工具在教学中使用。请打开【布置作业】——"其他工具"——"随机点名"，开启该程序的上课随机点名功能。

2. 班级协同管理工具——班小二

扫码演示

扫一扫，观看该案例的微视频。

应用情景

对班级通知一键管理，自动提醒家长查看新通知，后台查看通知阅读数据，促进老师家长简单、高效地沟通协作，让班级互动更简单。

技术策略

"班小二"小程序不占用手机空间，信息可永久留存，且会自动统计数据，适用于一线教师对班级通知的发布和管理，方便快捷。

案例实操

步骤1 **登录"班小二"小程序。**

微信搜索"班小二"小程序，点击进入其界面，如图 2-8 所示。

微信小程序的教育应用

图2-8 微信搜索界面

步骤2 选择版本、角色。

进入后,选择适合自己的版本——"幼儿版"或"小初高版"。点击"创建我的班级",选择角色"我是老师",如图2-9、图2-10所示。

图2-9 选择版本以及创建班级　　　　图2-10 选择角色

步骤3 填写个人信息。

在"我的班级"板块中点击">"箭头,填写相关信息并保存。点击"更多"回到主界面，如图 2-11 所示。

图2-11 填写个人信息

步骤4 **邀请成员**。

点击**"邀请成员"**，选择班级群，把链接发到群里，家长通过链接就能进入班级，如图 2-12 所示。

图2-12 邀请成员

微信小程序的教育应用

步骤5 编辑通告。

点击"**通知公告**",点击"**新增通知**",选择通知类型,点击"**确定**"就可以新建通知,如图2-13所示。

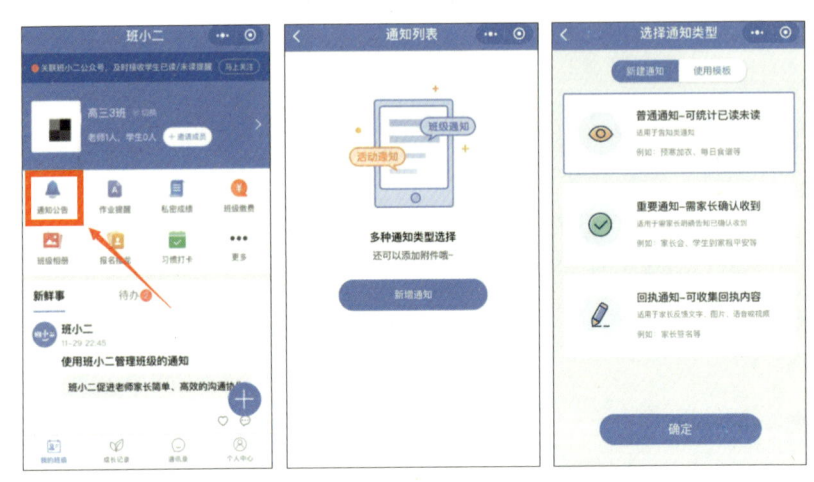

图2-13　编辑通告

步骤6 发布通知。

在内容栏写上通知内容,可添加图片和增加附件,可更改通知类型。填写后点击"**发布通知**",把通知发到班群(不发送也可以,后台会自动通知家长)。发布后老师就可在原链接看到相关数据,如图2-14所示。

图2-14　发布通知

拓展练习

"班小二"小程序简单易上手,一线教师可用于发布班级通知,还可以管理班费、私信成绩。1. 请打开【班级缴费】—"班费",进行班费管理;2. 请打开【私密成绩】—"导入成绩",将学生的个人成绩发送给家长。

3. 班级事务高效管理——班级学习小助手

扫码演示

扫一扫，观看该案例的微视频。

应用情景

对学生的学习任务和作业进行实时跟踪，通过发布通知，提醒学生完成相关任务，向家长了解更多学生课后动态。

技术策略

"班级学习小助手"是一款班级管理小程序，其中的"发布"模块适用于教师对于任务、通知、作业的发布和管理，方便快捷。

案例实操

步骤1 **登录"班级学习小助手"小程序。**
在微信搜索栏，搜索"班级学习小助手"小程序。

> **步骤2** 创建班级。

教师和家长均可创建班级，此次演示以教师为例。操作步骤如下：找到小程序中的"**我**"，点击"**我的班级**"和"**创建班级**"，选择"**我是老师**"，点击"**创建新班级**"并填写信息，点击"**创建班级**"即可，如图 2-15 所示。

图2-15　创建班级

> **步骤3** 分享链接并加入班级。

班级成员点击"**通讯录**"，点击"**+**"，发送邀请链接给微信联系人或者微信群聊，被邀请用户点击链接，完善信息后即可加入班级，如图 2-16 所示。

图2-16　分享班级

步骤4　**加入班级**。

被邀请用户点击微信中的链接，完善信息后即可加入班级，如图2-17 所示。

图2-17　加入班级

步骤5　**发布阅读打卡计划**。

点击"**首页**"的"**每日阅读打卡计划**"，点击"**发布计划**"按钮创建计划，可在计划添加图片、视频、语音、文本等操作，如图 2-18。发布打卡计划后，计划发布者可对计划进行查看、删除、修改操作。打卡后可在阅读打卡记录列表查看打卡日期并修改打卡内容，如图 2-19 所示。

图2-18　创建者发布任务

图2-19 班级成员进行任务打卡

步骤6 **发布通知**。

依次通过选择**"首页""通知"**，点击**"发布通知"**按钮创建通知，通知内可以添加图片、视频、语音、文本等操作。然后家长、学生就可以查看通知。通知发布者可以对计划进行查看、删除、修改操作，如图2-20所示。

图2-20 创建者发布通知

> **步骤7** **发布作业**。

依次通过选择**"首页""作业"**，点击**"发布作业"**按钮创建作业，作业内可以添加图片、视频、语音、文本等操作，还可以添加子项，作业发布者可以对计划"提交反馈"，进行查看、删除、修改操作，如图 2-21、图 2-22 所示。

图2-21　创建者发布作业

图2-22　班级成员进入作业

拓展练习

"班级学习小助手"小程序操作简易,教师可用于发布每日阅读打卡、通知和作业,还可以让学生参与发布信息。请点击【我】—"权限设置"—"开启发布权限",开启班级成员发布通知。

4. 班级事务管理好帮手——接龙管家

扫码演示

扫一扫，观看该案例的微视频。

应用情景

对学生接收到的信息进行实时跟踪，掌握学生查看信息的进度和情况，加强师生沟通，让师生互动更有效。

技术策略

"接龙管家"是一款简单实用的群工具，其中"反馈接龙"模块适合一线教师查看发布通知、公告、作业后学生的完成情况，方便快捷。

案例实操

（1）反馈接龙的发布

步骤1 登录"接龙管家"小程序。

微信搜索"接龙管家"小程序，在首页点击**"反馈接龙"**进入发布页面，如图 2-23 所示。

图2-23 进入"反馈接龙"界面

步骤2 填写标题，填写接龙内容。

点击下方类型按钮增加内容，内容支持的类型丰富，包括文字、图片、视频和附件，并且支持图文混排，如图 2-24 所示。

图2-24 填写发布信息

> 步骤3　**填写反馈选项**。

添加反馈选项，默认**"收到"**，可以修改和增删，如图2-25所示。

图2-25　填写反馈选项

> 步骤4　**反馈内容添加**。

输入"学号范围"，参与者必须提供自己的学号和学生姓名，目前署名（或学生姓名）可显示三个字，也可添加内容、录音、图片等，如图2-26所示。

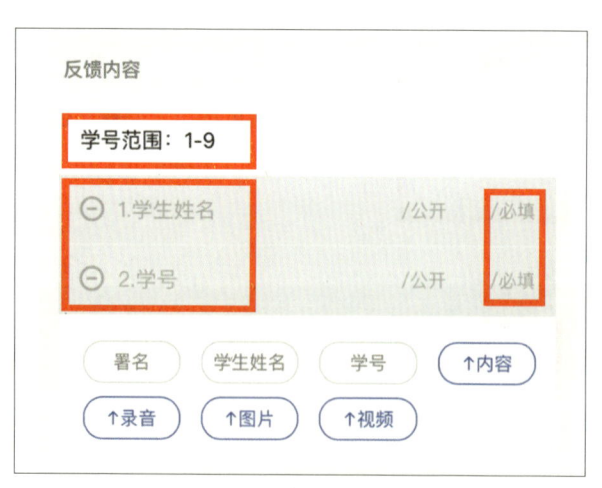

图2-26　填写反馈内容

> 步骤5　**填写反馈选项**。

"内容"以文字形式表达反馈内容。"录音"允许参与人录制600

秒（10分钟）的音频进行反馈。**"视频"**则允许参与人上传或拍摄120秒（2分钟）的视频进行反馈。如有图片类型的反馈内容，可通过上传图片或拍照进行反馈，如图2-27所示。

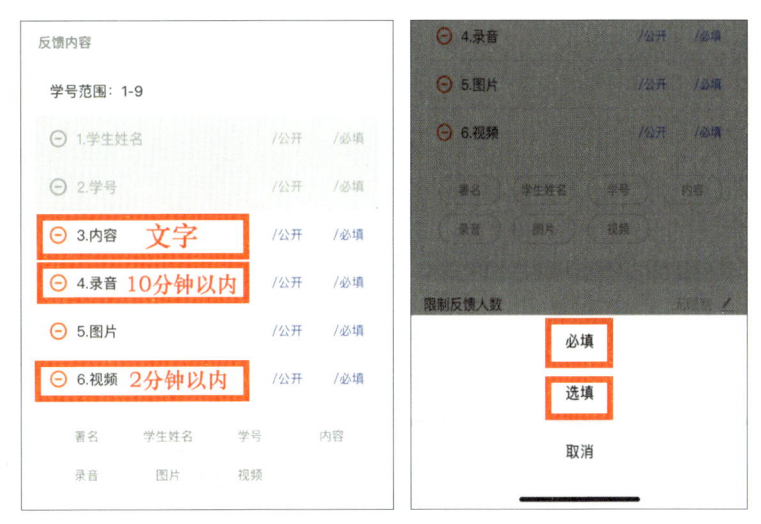

图2-27 填写反馈选项

步骤6 设置反馈人数。

在**"更多设置"**中，发起人可修改发布人署名，设置是否开启评论，以及是否允许其他人转发或复制该接龙，如图2-28所示。

图2-28 填写更多设置

（2）填写反馈接龙

步骤1 **填写反馈并发布**。

通过群内分享或识别小程序码进入接龙后，点击**"反馈"**选项，例如"收到、已完成"，按照要求反馈自己的信息即可。也可使用录音、图片、视频进行反馈，如图2-29所示。

图2-29 填写反馈并发布

步骤2 **发起者查看**。

接龙过程中，发起人可随时点击**"通知未接龙人员"**，并转发到群里，转发的小程序卡片会直接显示尚未参加接龙人员的学号，如图2-30所示。

图2-30 发起者查看

步骤3 **导出成绩单**。

反馈结束后，发起人可先点击下方**"修改"**，点击**"终止接龙"**，防止参与者后续改变反馈内容造成误会。接着点击下方**"导出"**按钮，将反馈内容（不包含图片和音频）汇总成Excel表格文件导出，可在电脑上进一步编辑和保存，如图2-31所示。

图2-31 导出表格

注意：

小程序可以记录用户在每个群不同的学号和学生姓名（或署名），只要参加接龙时填写（修改）学号和学生姓名（或署名），下次接龙就会自动填写好本次填写或修改的内容，无须人工记忆每个群不同的学号和学生姓名（或署名）。

拓展练习

"接龙管家"实用性强，教师可用于查看学生对于任务的完成情况，还可以用于调查班级情况。请打开【调查评选】，发布一则关于班干部工作满意度的调查。

5. 班级管理好轻松——叮咚班级

扫码演示

扫一扫，观看该案例的微视频。

应用情景

实时发布学生作业和班级消息，掌握信息被读情况，通过投票了解学生意愿，提高师生沟通效率。

技术策略

"叮咚班级"功能强大，一线教师可用于发布作业、信息，发起投票，方便快捷。

案例实操

步骤1 **登录"叮咚班级"小程序。**

利用微信搜索小程序"叮咚班级"，点击小程序，选择"教师模式"后会弹跳出新的窗口然后点击登录。可以直接"允许"微信登录。

班级管理　**模块二**

> **步骤2** 添加班级。

登录后,自动跳出两个窗口,填好相应的信息后,点击"**提交**",点击"**添加课程**",输入课程名后点击"**提交**",如图 2-32 所示。

图2-32　添加班级

> **步骤3** 分享班级给老师和家长。

点击"**分享邀请码给家长**"或"**分享邀请码给科任老师**",将创建好的班级分别分享给家长和科任老师,如图 2-33 所示。

图2-33　分享邀请码

微信小程序的教育应用

步骤4 进入成绩管理。

用电脑登录叮咚班级网页版（www.dingdong.mobi）才能进行成绩管理。点击左侧项目栏**"成绩管理"**的**"上传成绩"**选项，选择**"浏览"**就可以将 Excel 文件上传。点击**"班级成绩"**可以查看班级最近几次的各科成绩的记录。点击**"学生成绩"**可以查看该学生最近几次的各科成绩的记录，如图 2-34、图 2-35 所示。

图2-34　上传成绩

图2-35　班级成绩

班级管理　　模块二

步骤5 创建课表。

在左侧项目栏选择**"班级管理"**的**"课程表"**，选择**"新建课程表"**按钮，跳出课程表填写窗口，把**"科目列表"**中的科目名称拖入表中，设计好课程表后点击**"提交"**，如图2-36所示。

图2-36　创建课程表

步骤6 进入投票界面。

可以利用**"投票"**进行班级活动，方便简洁，如图2-37所示。

图2-37　投票

步骤7 上传文件。

点击**"文件管理"**，在**"上传文件"**中上传课件等学习资料。在手机端微信小程序上可以查看"**未读**"情况，即可根据需要选择"**再次通知**"，如图2-38、图2-39所示。

图2-38 上传文件

图2-39 手机端文件信息通知情况

步骤8　**发布作业**。

发布作业可直接在手机端进行，在"叮咚班级"的"**首页**"，选择"**作业**"点击"**发布作业**"，输入内容后点击"**提交**"按钮，如图2-40所示。

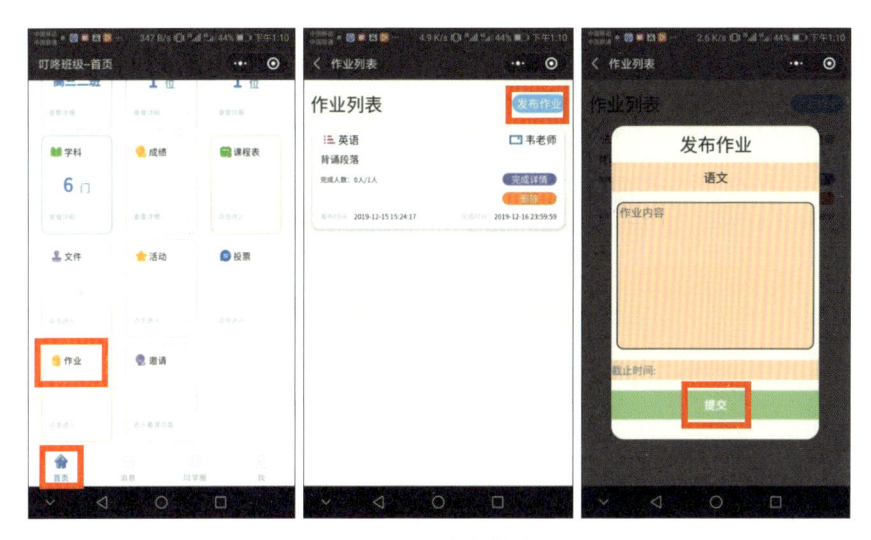

图2-40 发布作业

步骤9 发送消息。

选择下方的导航栏，点击**"消息"**，选择右上方**"发送消息"**，编辑好内容点击**"发送"**，如图2-41所示。

图2-41 发布作业

微信小程序的教育应用

步骤10 **创建新班级**。

进入个人中心，点击**"班主任添加班级"**即可创建新的班级，教师可同时管理多个班级，如图2-42所示。

图2-42 创建新班级

拓展练习

"叮咚班级"小程序简单快捷，教师可用于管理班级作业和班级信息，还可用于家校沟通，实时反馈学生的在校情况，请利用该小程序与家长沟通。

模块 Three

3

图文、课件与微课制作

1. 手机制作教学课件——口袋 PPT

扫码演示

扫一扫，观看该案例的微视频。

应用情景

随意选择多样模板，快速制作教学 PPT，方便教师提高教学效率，实现轻松备课。

技术策略

口袋 PPT 是一款 PPT 制作小程序，内置大量教学 PPT 模版，适合教师制作简便类教学 PPT。

案例实操

步骤1 **登录"口袋PPT"小程序。**

点击微信页面的搜索栏，点击"小程序"，然后输入"口袋PPT"，登录即可，如图 3-1 所示。

图3-1 登录"口袋PPT"

步骤2 选择页面模板。

登录后,点击页面底部"+"号,进入选择模板页面。根据用途,模板共分为三大类,分别是"通用""课件"和"培训",如图3-2所示。

图3-2 选择页面模板

"**通用**"模板下有六小类:"主题页""图文页""逻辑图""朋友圈""人物介绍""形象图表"。"**课件**"模板下有三小类:"课程介绍""课程详情""课后小结"。**"培训"** 模板下有五小类:"培训介绍""培训内容""项目发展""培训目的与目标""问答",如图3-3所示。

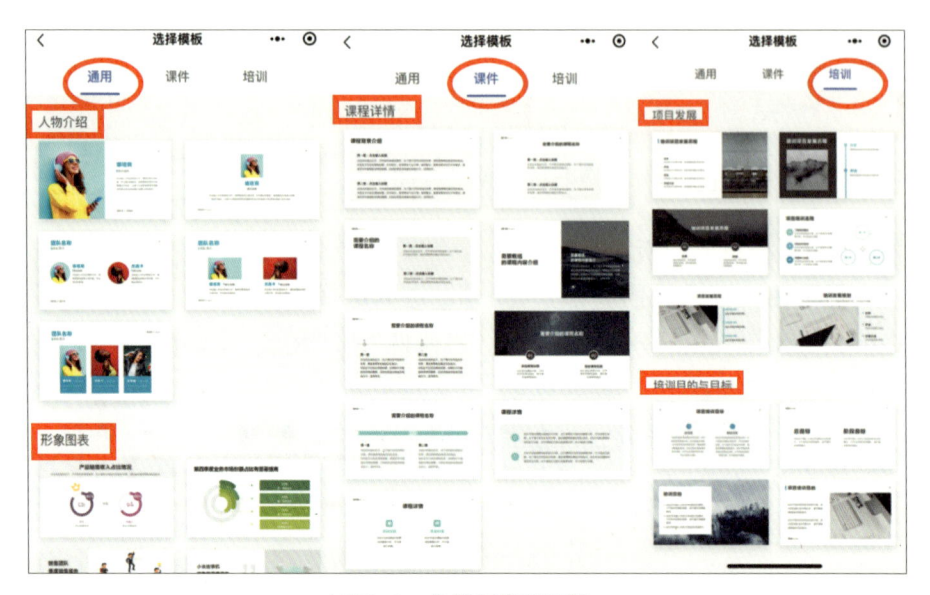

图3-3 各模板类别预览

教师可根据自己授课内容的需要,选择不同类型的页面进行编辑。不同模块之间的素材可以交叉使用。

步骤3 **选择需要的模板进行编辑**。

本次选取初中道德与法治教材里的《做更好的自己》一课为例。在"通用"模板中点击**"主题页范式"** 作为封面。教师根据教学设计输入教材相应的内容。内容输入完毕之后,点击**"写完了"** 按钮,即可生成本页PPT。点击"+"继续制作第二页PPT,如图3-4所示。

图3-4 选择、编辑模板

若页面提供的容量不足，教师可点击"**添加项**"增加模板里的内容框，如图3-5所示。

图3-5 添加项

完成后点击"**写完了**"，再点击"+"号，继续选择下一个模板的编辑。步骤相同。完成所有PPT的编辑后，点击页面右上角的"**合并**

PPT",点击左边圆圈给页面排序。选定顺序之后,点击"**生成文档**"即可"命名文件"保存 PPT,如图 3-6 所示。

图3-6 合并PPT并排序

点击左上角"**我的文档**"教师可点开查看最近制作的 PPT,如图 3-7 所示。

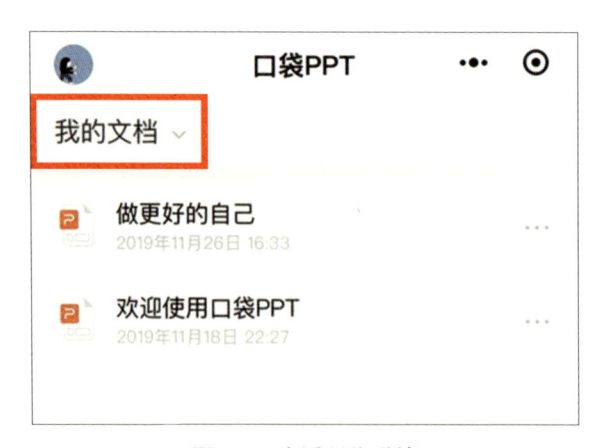

图3-7 查看制作详情

步骤4 PPT保存到手机或电脑端。

点击"**我的文档**",打开需要保存的PPT,点击右上方的下载图标 ⬇ ,选择"**生成链接**",如图3-8所示。

图3-8　保存PPT

点击屏幕右上方的退出小程序的图标,如图3-9所示。

图3-9　退出小程序

退出后,教师可将生成的下载链接复制保存。

方法一:保存在手机端:将链接复制粘贴到微信联系人或微信的文件传输助手对话框中,点击链接进入新页面选择"**下载文件**",屏幕会出现PPT的预览页面,点击右上角"···"选择任意浏览器将PPT打开,如图3-10所示。

图3-10　PPT预览页面

选择后会跳转到浏览器的下载页面，选择"**下载**"，就能在浏览器的下载中心找到制作的PPT了，如图3-11所示。

图3-11　下载制作的PPT

方法二：保存在电脑端：用电脑浏览器打开生成的下载链接，即可直接下载，如图3-12所示。

图3-12 将PPT下载至电脑端

拓展练习

"口袋PPT"小程序简单方便，教师可用其制作教学课件，还可用于记录班级趣事。请点击【+】—"通用"—"朋友圈"，开始记录一次班级的趣事并展示。

2. 更轻便的移动教学——速绘微课

扫码演示

扫一扫，观看该案例的微视频。

应用情景

快速制作微课，减轻一线教师的课前准备负担，更有白板辅助知识点讲解，实现轻松设计制作微课。

技术策略

"速绘微课"功能强大，可调整笔触、对图片进行润色、使用白板进行知识点讲解、添加课后测试卷等，制作程序简单。

案例实操

步骤1 登录"速绘微课"。

点击微信页面的搜索栏，输入"速绘微课"，点击登录即可，如图3-13所示。

图文、课件与微课制作　　模块三

图3-13　登录"速绘微课"

步骤2　**新建速绘课件**。

点击"+"插入图片，可同时选择9张图片上传。点击"**开始录制**"。如不需要添加图片点击"**设置为空白页**"，如图3-14所示。

图3-14　新建速绘课件

> 步骤3　**笔触和颜色的控制使用**。

"笔触"方便老师在讲解过程中，在页面或白板上对知识点做标注，勾画重难点，且用户可根据个人爱好选择笔触的颜色，如图3-15所示。

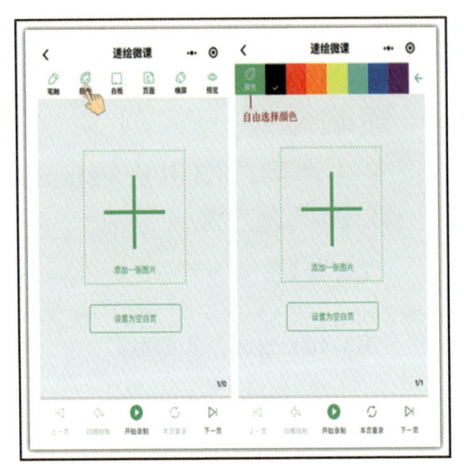

图3-15　笔触和颜色的控制

> 步骤4　**白板的使用**。

"白板"相当于草稿纸，老师在讲解过程中，可通过白板板书、画图以辅助知识讲解，如图3-16所示。

图3-16　白板、页面管理

图文、课件与微课制作　模块三

> **步骤5** **页面管理**。

需要添加第 2 页内容时，点击顶部**"页面""+"**号即可，还能对所有页面进行编辑。若需要横屏展示页面，只需点击顶部**"横屏"**即可实现，如图 3-17 所示。

图3-17　页面管理　　　　　　图3-18　添加课后试卷

> **步骤6** **课后试卷**。

教师制作完成教学课件，如需对学生进行课后测试，点击**"添加课后试卷"**（一个课件只能插入一份试卷），选择**"我的试卷"**列表中相对应的试卷。如图 3-18 所示。

> **步骤7** **预览、保存和分享**。

预览：点击上方**"预览"**课件，若发现对某页讲解不满意，可以回到该页，点击底部**"本页重录"**就可以了，如图 3-19 所示。

微信小程序的教育应用

图3-19 预览

保存：预览无误后，点击"**下一页**"，选择"**保存并分享**"并填写课件信息即可，如图 3-20 所示。

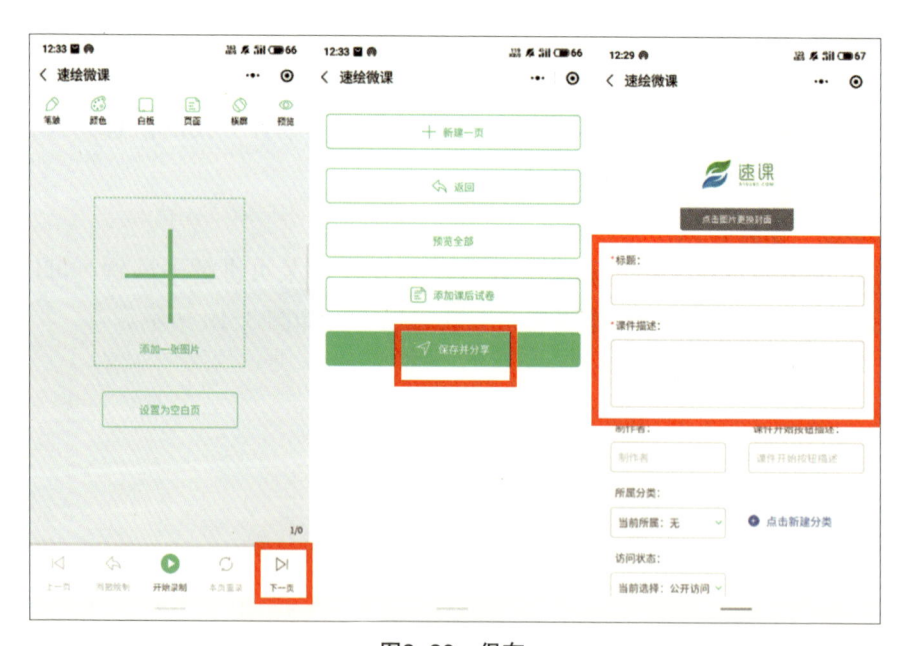

图3-20 保存

分享：若要分享课件，点击**"查看课件"**，选择**"分享"**即可，如图 3-21 所示。

图3-21 分享

拓展练习

"速绘微课"小程序操作简单易懂，教师可用于制作知识点微课，还可用于制作 PPT 课件，请点击【PPT 课件】，根据页面的提示一键生成 H5 教学课件。

3. 简单又好用的在线思维导图——凹脑图

扫码演示

扫一扫，观看该案例的微视频。

应用情景

对课本知识点进行归类拓展，检测学生对知识点的掌握程度，辅助教师做好复习课的准备，提高知识点复习效率。

技术策略

"凹脑图"是一款简单又好用的在线思维导图制作工具，教师可进行知识点的梳理，导出 PDF、PNG 等格式的思维导图，方便快捷。

案例实操

步骤1 登录"凹脑图"小程序。

微信搜索"凹脑图"小程序，点击"**注册/登录**"按钮，即可进入创作页面，如图 3-22 所示。

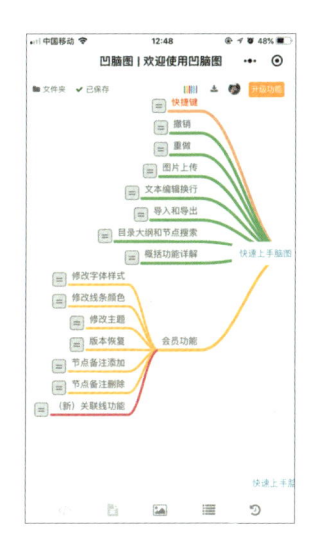

图3-22 登录"凹脑图"小程序

步骤2 制作思维导图。

登陆成功后，进入思维导图创作界面，创作界面有"**快速上手脑图（电脑端）**"和"**快速上手脑图（移动端）**"两种。选择"**快速上手脑图（移动端）**"，如图3-23所示。

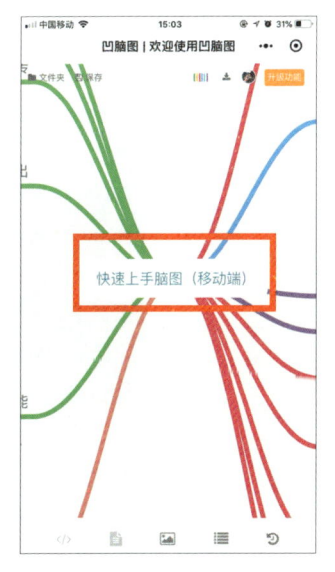

图3-23 制作思维导图

步骤3 **撤销**。

长按空白区域，在弹出的菜单栏中选择**"撤销"**，便可回退至前一次操作。选择**"重做"**，便可前进至后一次操作，如图3-24所示。

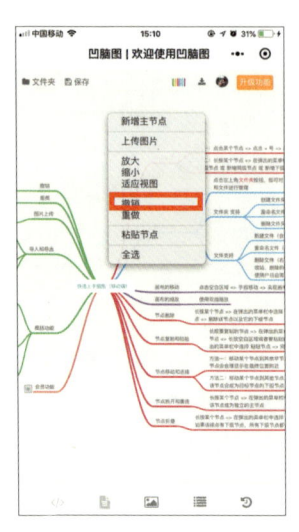

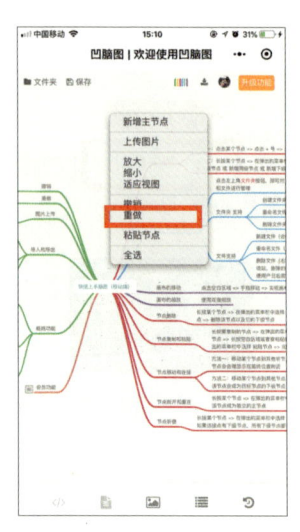

图3-24 撤销、重做

步骤4 **图片上传**。

点击底部图片按钮，有浏览、照片图案、拍照或录像三个方式可供选择，如图3-25所示。

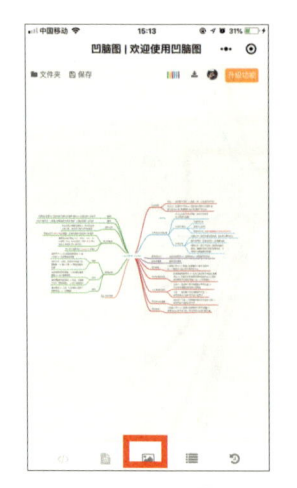

图3-25 图片上传

步骤5 导出和导入。

点击页面右上角"**导出/导入**"按钮，选择所需导出或导入的格式，如图 3-26 所示。

图3-26　导出和导入

步骤6 概括。

该小程序的概括功能包括创建、修改和删除三类。

创建概括：选中节点，点击底部"**概括**"按钮，输入内容，即可完成概括的创建，也可通过选中节点，长按屏幕，在菜单中点击"**添加概括**"按钮，输入内容，即可完成概括的创建，如图 3-27 所示。

图3-27　添加概括

修改概括： 修改概括的方式也有两种方式。1. 选中需要修改的概括，点击"**概括**"按钮，进入编辑状态即可；2. 选中需要修改的概括，长按屏幕，在菜单栏中点击"**编辑内容**"按钮后，进入编辑状态，如图3-28所示。

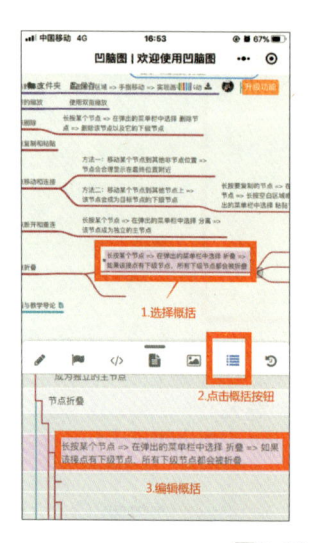

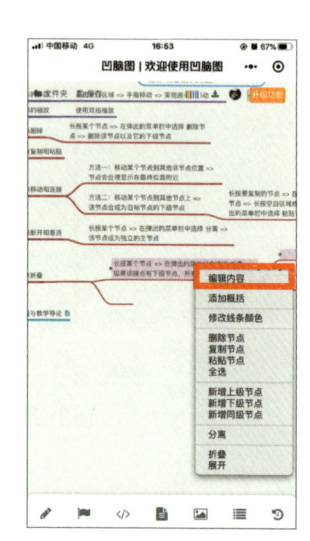

图3-28 修改概括

删除概括： 选中概括，长按屏幕，在菜单栏中选择"**删除概括**"即可，如图3-29所示。

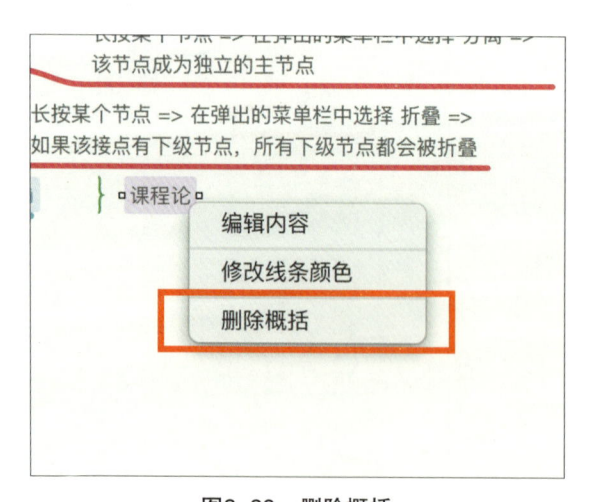

图3-29 删除概括

图文、课件与微课制作　　模块三

步骤7　**节点新建**。

有两种方法，方法一：点击某个节点，点击"+"号，然后新增下级节点；方法二：长按某个节点，在弹出的菜单栏中选择"**新增上级节点**"或"**新增同级节点**"或"**新增下级节点**"即可，如图3-30所示。

图3-30　新建节点

步骤8　**文件夹和文件管理**。

点击页面右上角"**新建文件夹**"图标，即可对文件夹和文件进行管理。如图3-31所示。

图3-31　文件夹和文件管理

文件支持的功能有：新建文件、重命名文件夹（点击该文件，选择重命名即可）、删除文件（点击该文件，选择移动到回收站即可删除文件），如图 3-32 所示。

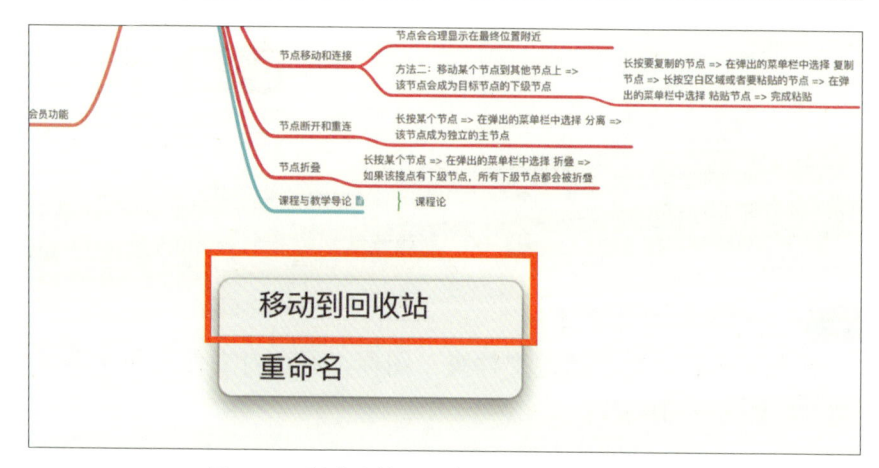

图3-32　新建文件、重命名文件夹、删除文件

> **步骤9** **画布的移动和缩放**。

点击空白区域，手指移动即可实现。

> **步骤10** **删除节点**。

长按某个节点，在弹出的菜单栏中选择"**删除节点**"，即可删除该节点及其下级节点。"**复制节点**""**粘贴节点**""**分离**""**折叠**"节点同理操作，如图 3-33 所示。

图文、课件与微课制作　　模块三

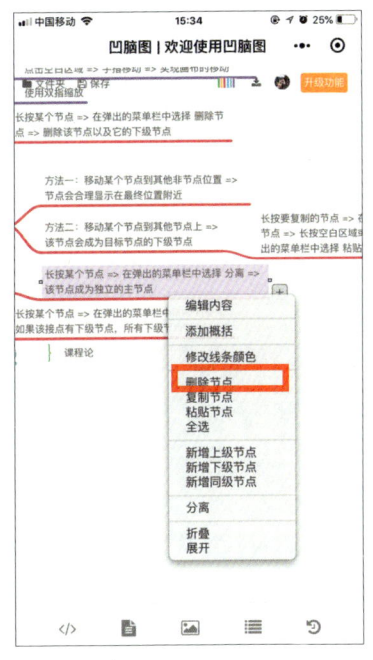

图3-33　删除节点

步骤11　**节点移动和连接**。

有两种方法，方法一：移动某个节点到其他非节点位置，节点会合理显示在最终位置附近；方法二：移动某个节点到其他节点上，该节点会成为目标节点的下级节点。

拓展练习

"凹脑图"小程序功能强大，教师可用于梳理学科知识点，还可用于写演讲稿，1. 请打开凹脑图小程序，制作一份学科教案，2. 请利用"凹脑图"电脑端制作一份学科的思维导图。

4．好用的图文创作工具——第二空间

扫码演示

扫一扫，观看该案例的微视频。

应用情景

通过图文、视频、音乐等方式记录教育教学事件，使得教育日志具体化，一目了然。

技术策略

"第二空间"是一款制作图文并茂的文章的小程序，适用于教师记录教育教学事件，记录工作会议内容等，简单好用。

案例实操

步骤1 搜索并登录"我的第二空间"小程序。

步骤2 新建作品。

登录后，单击屏幕底部中间的"+"进行创作。进入创作界面后，

点击"**点击输入文章标题**"即可编辑题目，如图3-34所示。

图3-34　新建作品

步骤3　**编辑封面**。

输入文章标题后，点击正在创作页面的"**添加封面**"按钮，选择"**图片中心**"，可选择小程序自带的各种风格的封面，也可点击"**相册**"，从手机相册选择图片用作封面，如图3-35所示。

图3-35　编辑封面

微信小程序的教育应用

步骤4 加段落标题和文本。

在编辑文章界面点击"**更多**"按钮，选择"**排版格式**"，选择"**标题**"，即可添加段落标题。添加完标题后回到编辑页面，点击"**正文**"，输入正文后回到编辑页面可点击"**润色**"按钮，使文章语句变得更加优美，如图3-36所示。

图3-36 添加段落标题和文本

步骤5 添加音乐。

在编辑文章界面点击"**音乐**"按钮，在"**搜索框**"中输入音乐名称，在搜索结果中点击要添加的音乐即可成功添加，如图3-37所示。

图3-37 添加音乐

步骤6 设置图片。

点击"**图片**"按钮，进入手机相册选择需要添加的图片即可，如图3-38所示。

图3-38 添加图片

步骤7 **对内容进行排版—添加分割线。**

图文需要一定的排版才能吸引眼球。例如内容分类，点击图文中的"+"按钮，点击"**更多**"按钮，选择"**排版格式**"，选择"**分割线**"即可进行内容分类。如图 3-39 所示。

图3-39 添加分割线

步骤8 **选择模板。**

编辑文章界面点击"**预览**"进入文章预览界面，点击左下角的"**模板**"，选择符合自己文章风格的模板即可。如图 3-40 所示。

图3-40 选择模板

图文、课件与微课制作 模块三

步骤9 调整文字格式。

文本格式可对文章段落格式、字体大小、字体颜色设置。字体设置方法：点击"**预览**"进入文章预览界面，点击页面下方的"**文本格式**"即可设置，如图 3-41 所示。

图3-41　调整文字格式

步骤10 发布。

选择对应的文章标签，选择是否原创文章，是否需要公开发布文章设置，在"**预览**"界面，点击右下角"**发布**"即可发布文章。发布完成后，即跳转至分享、重新编辑、删除页面，方便后续操作，如图 3-42 所示。

图3-42　设置作品标签及是否公开

创作完成后，即可预览，如图3-43所示。

图3-43　预览作品

👥 拓展练习

"第二空间"小程序操作简易，教师可用其记录班级事务或教育教学点滴，还可用作图文并茂的会议记录本，请打开该小程序做一次会议记录。

5．让你的文档会说话——微软听听文档

扫码演示

扫一扫，观看该案例的微视频。

应用情景

一键录制语音，快速为微课或其他教学视频配音，使得语音与画面内容同步，提高微课或教学视频的完整性。

技术策略

"微软听听文档"是一款录制语音的工具，适用于教师为微课或其他教学视频配音，方便快捷。

案例实操

步骤1 登录**"微软听听文档"**小程序。

步骤2 点击**"创建"**，进入创建页面，在创建页面中有四种方式导入素材文件，分别是云盘文档、手机图片、电脑文件、公众号链接，如

图3-44所示。

图3-44 导入文件方式

已有微软账号的用户可在听听文档中登陆，快速获取云盘中的文档，也可将喜欢的听听文档保存至云盘。

——云盘文档导入方法：

（1）从小程序中的"**创建**"页面

（2）点击"**选择云盘文档**"

（3）选择一个文档

（4）点击导入即可。

——公众号链接导入方法：

（1）创建页面中点击"**从电脑中上传**"

（2）打开链接：https://aka.ms/tingting

（3）将文档拖入指引框中

（4）微信扫码即可导入听听文档。

——手机照片导入图片单次上传最多 9 张，总共最多 20 张（如图 3-45 所示）

图3-45　手机照片导入图片

——电脑文档导入方法：

如图3-46所示

（1）创建页面中点击"从电脑中上传"

（2）打开链接：https://aka.ms/tingting

（3）将文档拖入指引框中

（4）微信扫码即可导入听听文档。

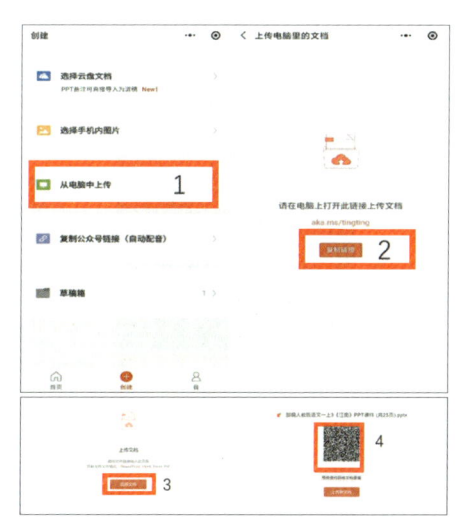

图3-46　电脑文档导入方法

步骤3 **配音**。

例如：我选择用云盘文档的文件进行配音，如图3-47所示。

图3-47 配音

导入PPT课件后，可选择录音模式或者AI读稿模式。在AI读稿中，可根据个人需求选择**"主播声音"**。讲稿可直接使用PPT课件中的备注，也可在录制界面上编辑，如图3-48所示

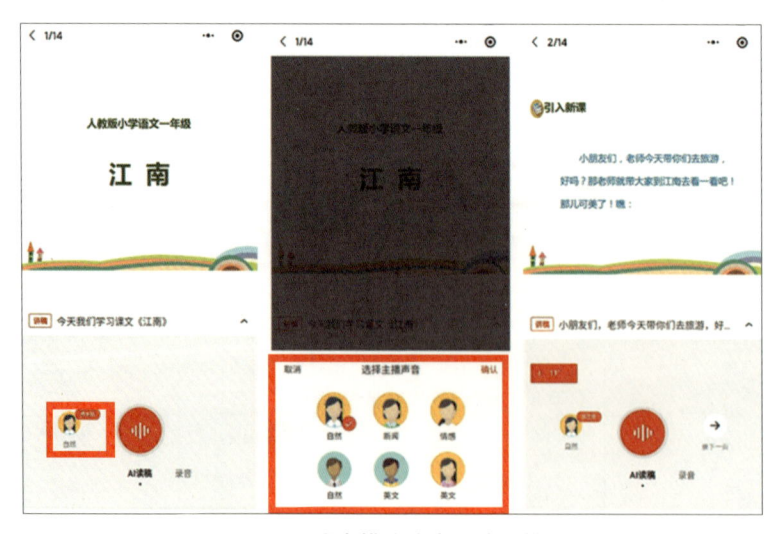

图3-48 录音模式或者AI读稿模式

步骤4 设置背景音乐。

点击"**添加背景音乐**",进行试听后,点击选中音乐右侧的"**使用**"按钮,完成设置,如图3-49所示。

图3-49 设置背景音乐

步骤5 发布作品。

作品完成后,设置作品标题、封面图标、描述、标签信息后,单击"**发布**"按钮。可通过微信、QQ、新浪微博等方式,把本作品的URL地址发送给他人。如图3-50所示。

图3-50 发布作品　　图3-51 查看作品

> **步骤6** **查看作品**。

点击首页屏幕下方**"我"** 进入个人中心,在该界面,可查看作品列表、传播数据、表单数据、批量管理等内容,如图 3-51 所示。

拓展练习

"微软听听文档"小程序操作简单,易上手。教师可用于制作演示型文档,为微课配音,还可用于智能听写。请打开【创建】—"选择手机内图片"—"开始制作"—"AI 读稿",开启 AI 听写。

6. 简单易用平面设计工具——Fotor 懒设计

扫码演示

扫一扫，观看该案例的微视频。

应用情景

快速制作教学图文，让教学内容和重、难点一目了然，模板信手拈来，轻松解决教学素材匮乏难题。

技术策略

"Fotor 懒设计"是拥有 3.5 亿用户的在线快速平面设计平台。它可以提供海量模板素材，尺寸多样，适用于各种场景，让你的工作更轻松、更高效。

案例实操

步骤1 搜索"Fotor懒设计"小程序并登录。

步骤2　**选择模板**。

左右滑动便可查看不同的分类标签下可用的设计模板。标签种类丰富多样，从手机海报到社交配图，从新闻宣传到微信公众号图片等，还可通过搜索筛选的方式快捷地找到所需的类型模板，如图3-52、图3-53所示。

图3-52　查看和搜索标签

图3-53　选择模板

图文、课件与微课制作　　模块三

步骤3　**编辑模板-更换、编辑图片。**

点击图片模块，切换为自己的图片，如图3-54所示。

图3-54　更换、编辑图片

步骤4　**编辑模板-编辑文字。**

点击文字模块，再点击下方的**"键盘"**图标，编辑所需的文字。（可根据个人需求修改元素模块的位置、字体的样式、字体的间距和段落的行间距等），如图3-55所示。

图3-55　编辑文字

步骤5 完成设计并预览。

使用同样的方法编辑整个模板以达到个人所需的海报效果，点击右上角的**"预览"**按钮预览整个海报效果，可分享给好友，如图 3-56 所示。

图3-56　完成设计并预览

步骤6 保存

设计完成后的海报保存在**"我的工程"**中，以便以后重新修改与查看，再次点击即可修改，如图 3-57 所示。

图3-57　保存我的工程

拓展练习

"Fotor 懒设计"小程序操作简单，教师可用于制作教学图文，还可制作手机海报和微信朋友圈封面。请点击【手机海报】，选择一个模板制作一份"拒绝野味"海报。2. 请点击【微信朋友圈封面】，为自己的朋友圈制作封面。

模块 Four

4

家校互动

1. 高效易用的家校沟通小程序——班级小管家

扫码演示

扫一扫，观看该案例的微视频。

应用情景

对学生的课堂情况进行点评，统计学生的课堂奖惩情况，实时掌握学生的作业完成情况并与家长沟通，加强教师与家长之间交流，让家校沟通更有效。

技术策略

"班级小管家"是一款家校沟通小程序，适用于教师向家长反馈学生的在校表现，掌握学生课后学习情况等，高效易用。

案例实操

步骤1 搜索"班级小管家"小程序并进入。

家校互动　　模块四

步骤2　根据需要选择身份，微信授权登录账号。此处以"**我是老师**"身份为例，如图4-1所示。

图4-1　登录账号

步骤3　**创建新班级**。

点击"**创建班级**"，选择"**我是老师**"后，填写班级相关信息完成创建，如图4-2所示。

图4-2　创建新班级

微信小程序的教育应用

> 步骤4 **邀请成员**。

回到首页，点击**"我的班级"**便可看到创建的班级，点击班级信息栏里面的**"邀请成员"**，即可邀请家长/学生、老师，如图4-3所示。

图4-3 邀请成员

> 步骤5 **点评学生**。

在**"我的班级"**，点击**"点评学生"**，点击"+"，选择要点评的同学，勾选并点击确认；在点评内容栏输入评语，如：上课听讲，拖动下面的进度条进行本次红花奖惩，点击**"确认"**，便可以看到**"本周红花统计"**，如图4-4所示。

图4-4 点评学生

家校互动　　模块四

步骤6 **班级统计**。

可进行："**打卡统计**""**红花统计**"和"**作业统计**",如图4-5所示。

图4-5　班级统计

步骤7 **发布活动**。

点击首页底部"+"发布一系列活动,以"**发布打卡**"为例,点击"**发布任务**"中的"**发布打卡**",选择合适的打卡模板,如每日阅读,使用该模板,设置打卡内容、打卡时间等,任务发布后可分享到班群。"**发布接龙**"可进行"**自定义打卡任务**"的设置,如图4-6所示。

图4-6　发布任务

拓展练习

"班级小管家"小程序高效易用,教师可用于反馈信息,加强与家长的沟通,还可作为上课随机点名的工具。1. 请打开【发现】—"点兵点将"—"点击开始",开启你的上课随机点名吧。2. 请打开【发布作业】,为学生布置家庭作业。

2. 班级老师与家长互动更简单——班级帮

扫码演示

扫一扫，观看该案例的微视频。

应用情景

一键反馈学生相关情况，实时通知家长学生的作业内容，掌握学生作业或其他任务的完成情况，让老师与家长的互动更简单。

技术策略

"班级帮"是一款家校互动小程序，适用于一线教师发布和管理班级作业，向家长分享学生的成长，方便快捷。

案例实操

步骤1 在微信搜索框输入**"班级帮"**进入小程序。

步骤2 **选择角色创建班级**。

此处以教师角色为例，选择**"教师"**点击**"我要创建班级"**后，填写班级信息即可创建班级，如图4-7所示。

图4-7　创建班级

步骤3　邀请家长成员。

点击"**班级成员**"模块，点击"**邀请班级成员加入**"按钮，邀请学生家长加入，可查看和修改成员信息，方便联系，如图4-8所示。

图4-8　班级成员

家校互动　　模块四

步骤4 **发布通知。**

进入班级主界面，在"我的班级"模块下点击"**通知**"，点击"**发通知**"按钮，选取其中一个模板，点击页面底部"**立即使用该模板**"修改通知内容，点击"**发送**"发布通知。也可在模板页面中点击底部绿色按钮"**创建自定义通知**"，如图4-9所示。

图4-9　发布通知

步骤5 **发布打卡任务。**

在"**我的班级**"模块点击"**打卡**"选项，在打卡列表界面中点击"**创建打卡**"，可任意选择打卡任务模板或选择"**自定义打卡主题**"，选择一个模板，修改任务内容，内容可以文字、图片、语音等形式，点击"**发布**"。可在"**打卡列表**"界面的右下角"**综合素质**"中查看学生的参与情况，如图4-10所示。

图4-10　发布打卡任务

步骤6 **发布作业**。

在"**我的班级**"模块点击"**作业**"选项,点击页面中间的"**发作业**",在出现的界面里编辑作业内容,点击底部"**发送**"发布作业,如图 4-11 所示。

图4-11 发布作业

步骤7 **分享学生的成长**。

点击页面底部"**班级圈**"模块,点击右下角的"+"按钮,编辑内容,点击"**发布**"即可分享学生的成长,如图 4-12 所示。

图4-12 班级圈

拓展练习

"班级帮"小程序简单易用,教师可用于管理班级信息,与家长沟通,还可分享学习资源。请点击【学习园地】,让学生加入打卡活动,开启成语故事和必背古诗词的打卡。

3. 班级群管理工具——旺学业

扫码演示

扫一扫，观看该案例的微视频。

应用情景

布置作业、班级通知，轻松传达，方便教师管理班级事务；老师家长私信沟通，让家校沟通更方便。

技术策略

"旺学业"是一款班级管理小程序，适用于教师发布班级信息，跟踪学生作业完成情况，及时与家长沟通，高效快捷。

案例实操

步骤1　微信搜索"旺学业"，进入小程序。

步骤2　**创建班级，邀请家长进群**。

创建班级后小程序自动生成二维码，保存二维码后将二维码发给家长，邀请家长加入班级，如图4-13所示。

图4-13　创建班级，邀请家长进群

步骤3　**发布通知**。

进入发布界面后，点击"**通知**"可新建通知，编辑通知内容，可以选择置顶、是否允许评论以及发布的时间，点击"**立即发布**"即可。也可在"**通知**"页面打开后更改要发布的类别，选择"**作业**""**打卡**"等，如图4-14所示。

图4-14　发布通知

> 步骤4 **班级动态**。

点击"**班级动态**",可新建班级动态,选择班级动态的标签,编辑班级动态的内容,可选择分享到"**发现**",让更多家长浏览,点击"**立即发布**"即可,如图 4-15 所示。

图4-15 班级动态

> 步骤5 **接送**。

点击首页下方的"**班级**",在班级页面可看到班级动态、班级相册、班级文件、错题本、成长记录、生日、接送等,还可以看到班级的最新动态。点击"**接送**",界面会显示当前时间,点击"**放学**"进入放学模式,可选择直接放学,也可选择家长接送,选择家长接送后,需要每个家长进行签到,老师再安排学生出校,确认家长接走,如图 4-16 所示。

图4-16 接送功能

步骤6 **发现**。

点击首页下方的**"发现"**，在发现页面可看到其他学校、班级、老师分享的各种动态，如图4-17所示。

图4-17　发现

拓展练习

"旺学业"小程序简单易用，教师可用于管理班级群信息，还可以统计学生各个科目的错题情况。请点击【我的】—"错题本"，选择所教科目，记录学生的错题以便课堂上讲解。

4. 让家校沟通变得更容易——家校大师

扫码演示

扫一扫，观看该案例的微视频。

应用情景

及时发布班级信息，实时跟踪信息阅读情况，发布问卷收集家长的宝贵意见，让家校沟通更容易。

技术策略

"家校大师"是一款方便教师与家长沟通小程序，适用于教师管理班级信息并向家长反馈，方便实用。

案例实操

步骤1 微信搜索"**家校大师**"，进入小程序。

步骤2 **创建班级，邀请家长进群。**

首页单击左上角的"+"，填写班级信息，完成班级创建后，点

家校互动　　模块四

击页面右上角"**分享**"按钮，将班级分享给学生和家长，如图4-18所示。

图4-18　创建班级，邀请家长进群

步骤3　　发布通知。

点击"**发通知**"按钮，进入通知编辑页面，分别对标题、通知内容进行编辑，点击"**发布通知**"，选择班级群聊进行发送。可将通知转发到家长通知群方便家长查看，家长会收到微信服务通知的提醒消息，微信服务通知也将自动提醒老师家长的接受进度。详情页中带有点名册视图，方便老师查阅通知情况，如图4-19所示。

图4-19　查看通知

微信小程序的教育应用

> **步骤4** 创建打卡。

点击"**创建打卡**",输入打卡的内容后点击"**下一步**",进入任务介绍。可以选择用文本、图片、录音、视频等方式进行介绍。点击"**下一步**",创建打卡,并邀请班级成员打卡。也可将打卡任务发送到家长群,让家长进行监督,如图 4-20 所示。

图4-20　创建打卡

> **步骤5** 发布问卷调查。

点击"**发问卷**",对问卷的标题和内容进行编辑,可选择添加问卷的附件,对选项进行编辑,点击"**发布**",即可在小程序内查看问卷填写的情况,也可将问卷调查发到家长群,收集家长提出的宝贵意见,如图 4-21 所示。

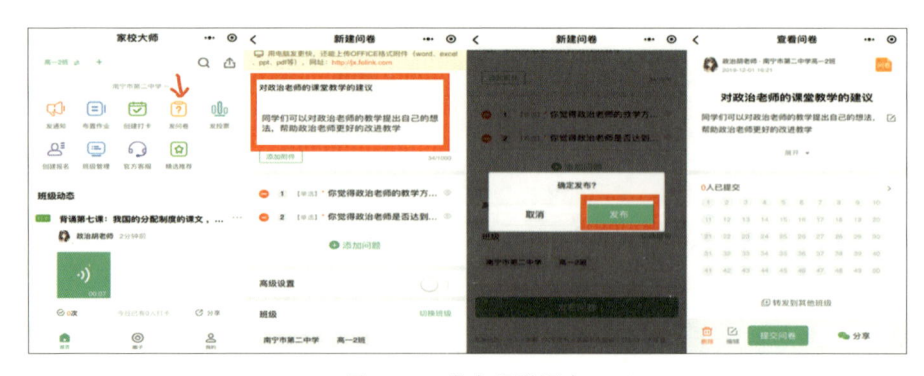

图4-21　发布问卷调查

家校互动　**模块四**

步骤6　创建圈子。

点击"圈子",创建圈子并设置圈子名称及标签,即可完成创建。也可将圈子进行分享,如图 4-22 所示。

图4-22　创建圈子

步骤7　查看消息及班级信息。

点击"**我的**",即可查看"消息"及查找"**已发布的班级信息**",在"**已发布的班级信息**"中可以输入关键词进行搜索,可快速找到需要的信息,如图 4-23 所示。

图4-23　查看班级信息

拓展练习

"家校大师"小程序应用广泛,教师可实时查看家长接收通知的情况,还可以发起投票,收集家长的宝贵意见。1. 请打开【首页】—"发投票",尝试收集家长的意见。2. 请点击【布置作业】,为学生布置家庭作业。

5. 家长可以代管的"学习神器"——学哦

扫码演示

扫一扫，观看该案例的微视频。

应用情景

创建班级，进行班级管理，可直接在平台上给学生布置作业，给家长发布通知。利用口算拍照检查器、语文预习、新华字典等工具给学生布置各科作业练习。

技术策略

"学哦"是一款可以阅读打卡、口算练习、语文练习、英语练习、口算拍照检查、下载试卷的"学习神器"。界面操作简单，小学生能毫无压力地使用，内容对于小学一至六年级的学生而言，恰到好处。

案例实操

步骤1 微信搜索"**学哦**"小程序。

注册学生账号。打开小程序后会弹出要求创建与授权对话框,点击"**确定**"、"**创建账号**",点击下方的"+"号,学生选择"**家长**",依次输入个人信息即可,打"*"号的项目为必须输入项,信息编辑完毕点"**保存**"、"**下一步**"即可注册成功。

注册教师账号。与注册学生账号步骤相同,在身份选择的时候选择"**老师**"即可,其他步骤相同。具体如图4-24所示。

图4-24 账号注册

步骤2 在"**首页**",我们可以看到全国各地打卡的同学。在"**书包**"我们可以看到一些新课标推荐的书籍介绍。在"**发现**"我们可以使用相应的工具来学习,如图4-25所示。

图4-25 首页、书包、发现页面

(1) 教师如何利用该小程序？

步骤1 创建班级。

班级只能由教师账号创建，点击底部下方"**班级**"，如果尚未创建过班级，在"**班级**"界面会弹出如下图的提示框，按照图标步骤操作即可；如果是二次或多次创建班级，可点击"**班级设置**"。在"班级设置"界面点击下方的"+"号，随后依次编辑班级信息即可，如图4-26所示。

图4-26 创建班级

微信小程序的教育应用

> **步骤2** **布置作业**。

在"**班级**"界面点击"**布置作业**",根据教师课程内容需求依次对作业要求进行设置即可,其中"**作业内容**"板块教师可上传图片、音频、视频,输入文字,如图4-27所示。

图4-27　布置作业

> **步骤3** **发布通知**。

在"**班级**"界面点击"**发布通知**",根据教师需求依次对通知内容进行设置即可,其中"**通知内容**"板块教师可上传图片、音频、视频,输入文字。与"布置作业"操作相同,如图4-28所示。

在"**班级**"界面还有其他班级管理的内容,因为操作相似且比较简单,这里不一一做介绍。

图4-28　发布通知

（2）学生如何使用该小程序？

步骤1 在"**发现**"页面，有语文练习、口算拍照检查器、语文预习、新华字典等工具。下面以语文预习为例：点击"**语文预习**"，会进入到随机的教材页面。点击上方灰色文字，即可进入教材选择页面，如图4-29所示。

图4-29 语文练习

步骤2 找到并点击想要学习的教材，点击相应的单元及课文，即可看到该课要求会认的字，如图4-30所示。

图4-30 选择教材

步骤3 点击"**地**"字，则会显示这个字的详细内容（拼音、笔画、部首、造句）。点击"**笔顺**"则会动态显示字的书写顺序，如图4-31所示。

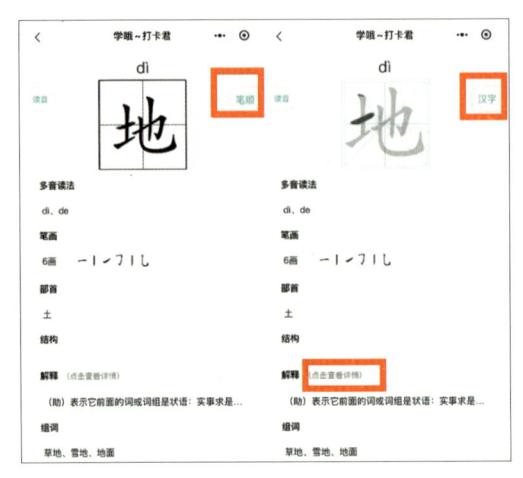

图4-31 生字学习

步骤4 **其他内容**。

因为不同的科目或者单元章节选择操作一致，这里不一一列举，且复习、预习、练习等操作也一致，还有许多好用的工具，如课件下载、试卷下载等，只需点进去按照提示操作即可，这里也不作详细介绍，如图4-32所示。

图4-32 数学、语文、英语练习

拓展练习

"学哦"小程序功能强大,简单易上手,教师可用于管理班级。请创建一个新班级,点击【资料共享】按钮,将学习资料分享给学生进行知识预习。

模块 Five

5 办公应用

1. 图片转文字工具——传图识字

扫码演示

扫一扫，观看该案例的微视频。

应用情景

一键将教学图片内容转换成文字，快速复制文字整合成文档，提高工作效率。

技术策略

"传图识字"是一款图片转文字工具，适用于教师整合并讲解学生作业、测试错题，高效快捷。

案例实操

步骤1 微信搜索"传图识字"，进入小程序。
步骤2 登录后，进入小程序首页，点击**"开始拍摄"**按钮，手机对准手写文字并拍照，如图5-1所示。

办公应用　　模块五

图5-1　开始拍摄

步骤3　识别出文字后，点击"**导出文档**"按钮，可选择word、Excel、和PPT格式导出文档，如图5-2所示。

图5-2　导出文档

拓展练习

"传图识字"小程序简单好用,可用于拍照转换学生作业或测试错题,还可以翻译。请打开【开始拍摄】—"拍图"—"拓展／翻译"—"文字翻译",开始翻译之旅。

2. 多人实时协作的在线 Office——金山文档

扫码演示

扫一扫，观看该案例的微视频。

应用情景

多人在线同时修改文档，实现多人共同协作备课，让工作效率更高更强。

技术策略

"金山文档"是一款文档小程序，适用于教师同时在线做课前备课，写教案等，方便快捷。

案例实操

步骤1 微信搜索"金山文档"，进入小程序。

步骤2 首页点击右侧的"+"新建或打开需要编辑的文档，如图5-3所示。

图5-3 选择文件类型

步骤3 以文字文档为例。可选择**"新建空白文字"**或使用现有模板来编辑。新建空白文档可自行编辑内容；现有模板可直接进行修改使用，如图5-4所示。

图5-4 文字文档首页

图5-5 文字编辑

步骤4 文字内容可设置各种属性，点击左下角的"Aa"可设置文字加粗、倾斜、文字颜色和文字大小等，完成编辑后点击打钩按钮即可保存，如图5-5所示。

步骤5 在导航栏中应用项，可看到图片转文字、PDF转Word和图片转PDF等功能，如图5-6所示。通过点击转换之后选择本地文件即可实现转换，保存后即可使用转换后的文件。

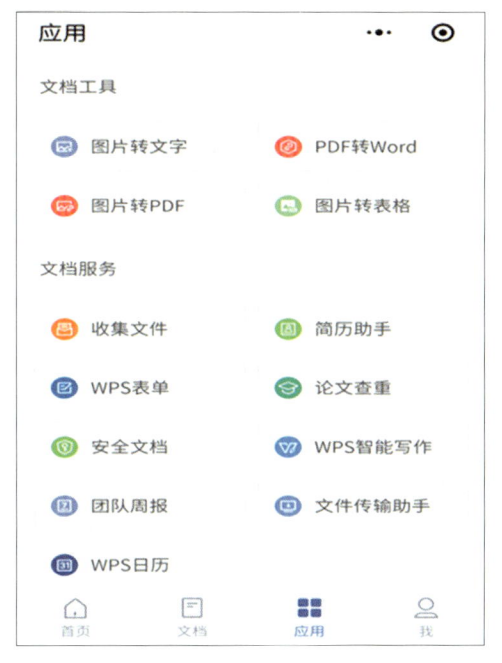

图5-6 应用

拓展练习

"金山文档"小程序方便高效，可用于备课组同时备课、写教案，还可以收集班级信息。请打开【+】—"收集成员信息"，统计学生假期的去向。

3. 识别图片文字小助手——微软 AI 识图

扫码演示

扫一扫，观看该案例的微视频。

应用情景

一键读取教学内容的文字，轻松整合成电子版教案，还可识别表格内容，对学生信息、成绩等其进行二次编辑，有效提高工作效率。

技术策略

"微软 AI 识图"是一款文字还原工具，其拍图识字、表格还原功能适用于教师整合教案，整理学生信息，高效实用。

案例实操

步骤1 微信搜索"微软AI识图"，进入小程序。

步骤2 **文字识别**

对需要识别的文字进行拍照，拍照后点击"**下一步**"，点击"**开始扫描"即可得到转换后的文字,也可转为 Word 格式,如图 5-7 所示。

图5-7 文字识别

步骤3 **图片转换**

图片可通过拍照、从相册中选择、从聊天中选择上传,还可转为 PDF/PPT/长图,如图 5-8 所示。

图5-8 图片转PDF

步骤4 表格还原功能。

可识别图片中的表格（表格中的文字或框线都可识别），还可对其进行二次编辑，也可导出 PPT，如图 5-9 所示。

图5-9 识别表格功能

拓展练习

"微软 AI 识图"小程序实用性强，可用于读取教学内容，还原表格，还可以将文字翻译成十一国的语言。请打开【翻译】，选择需要翻译成的语言，开启翻译之旅。

4. 多人协作在线文档——腾讯文档

扫码演示

扫一扫，观看该案例的微视频。

应用情景

在线实时完成学生信息收集、制作工作计划、更新活动进度，支持多人同时编辑，云端实时保存，让教学工作更有效率。

技术策略

"腾讯文档"是一款多人在线协作工具，适用于教师共同在线备课，实时编写教案，方便快捷。

案例实操

步骤1 微信搜索"腾讯文档"，进入小程序。

步骤2 选择要编辑文档的类型。

单击小程序底部的"+"选项，在"**在线文档**""**在线表格**""**在线**

幻灯片""在线收集表"等选项中选择要编辑文档的类型，如图5-10所示。

图5-10 选择文档类型

图5-11 创建文档

步骤3 **创建腾讯文档。**

点击"**在线文档**"后进入创建腾讯文档页面。点击文档选项中"**常用**"下的"**+**"选项，创建一个空白腾讯文档，下滑还能看到涵盖工作、教育、生活、合同等模板，如图5-11所示。

步骤4 **修改文档权限。**

点击文档编辑页面右上角中的"+"图标，进入文档权限页面后点击右上角的标志，如图5-12所示，把文档权限改为"**获得链接的人可编辑**"即可。

图5-12 修改文档权限

办公应用　　模块五

> **步骤5**　分享文档。

修改文档权限后点击"**分享文档**",分享页面下有"**分享给微信好友**""**生成小程序码**""**复制链接**"等,如图 5-13 所示。

图5-13　分享文档

> **步骤6**　多人协作编辑文档。

多人协作无须反复收发文件,多人可以实时查看协作者的修改内容,并且可以查看修订记录,如图 5-14 所示。

图5-14　多人协作

拓展练习

"腾讯文档"小程序操作简易,可用于备课组同时在线备课,还可以在线收集学生作业完成情况。请打开【+】—"在线收集表"—"作业完成打卡",开启收集学生作业完成情况。

5. 文字转语音工具——讯飞快读

扫码演示

扫一扫，观看该案例的微视频。

应用情景

复制粘贴的书文、PDF/Word/PPT的文字、网页文章都可以一键朗读，还可通过传图识别的方式，轻松解决难词难句的读音问题，让教学工作更高效便捷。

技术策略

"讯飞快读"是一款文字转语音工具，适合教师为教学微课、微视频等制作优质音频，实用有效。

案例实操

步骤1 微信搜索"讯飞快读"，进入小程序。

微信小程序的教育应用

> **步骤2** 在首页选择朗读内容的文件来源。此处以导入word文档为例，如图5-15所示。

图5-15　选择朗读文件

> **步骤3** 依次设置"朗读员""背景音""音量大小""语速语调"，如图5-16所示。

图5-16　朗读设置

步骤4 点击**"朗读文字"**，等待混音完成，如图5-17所示。

图5-17 等待混音

步骤5 听完后可点击**"收藏"**，发现有错误可修改。若无误后可分享、保存长图、保存为视频、保存为MP3，如图5-18所示。

图5-18 朗读保存

拓展练习

"讯飞快读"小程序操作简单，可用于朗读文章，还可以为教育微课、微视频等提供优质音源。请将微课文本复制粘贴至该小程序，朗读后下载，为微课配音。

模块 six

6 自主学习

1. 古诗词朗诵——诗词文言文

扫码演示

扫一扫，观看该案例的微视频。

应用情景

利用标准朗读、译文及注释等功能可以帮助学生课前预习、课后复习，学生还可利用格律工具进行诗词创作，高效实用。

技术策略

"诗词文言文"小程序可用于学习历朝历代近10万名诗人的一百万余首诗词，另有古籍一千多部，名句十万多条，也为文友提供了一个交流空间。

案例实操

步骤1 打开微信，搜索诗词文言文，进入小程序。

在首页，我们可以看到热门诗人与著作，点击即可查看，如图6-1

所示。

图6-1 诗词文言文小程序首页

步骤2 在搜索框内，我们可以查找自己需要的古诗文。

如搜：湖心亭看雪张岱，我们将会在跳转后的页面里看到文言原文，下滑屏幕可听标准朗读，查看译文及注释，学习文言用词现象，另有相关习题以及诸多版本的文章赏析，如图6-2所示。

图6-2 诗词文言文小程序首页

微信小程序的教育应用

步骤3 底部点击"**创作**",可以欣赏他人的诗词创作,点击自己感兴趣的诗词,可与诗词作者交流学习心得,如图6-3所示。

图6-3 创作模块

步骤4 底部点击"**名句**",可以欣赏到平台精选的诗词名句,还可根据主题来搜索不同场景下使用的诗词名句,如图6-4所示。

图6-4 名句模块

步骤5 底部点击"个人",可以查看自己收藏的诗词。还可以使用格律工具进行诗词创作,如图6-5所示。

图6-5 个人模块

拓展练习

"诗词文言文"小程序实用性强,请尝试使用该小程序来辅助文言文的教学,布置一份课前预习作业。

2. 专业的普通话考试评分系统
——普通话学习评分

扫码演示

扫一扫，观看该案例的微视频。

应用情景

内含针对普通话考试大纲的练习题题库，提供专业的普通话发音练习评分系统，轻松应对普通话考试及课堂口语的标准发音。

技术策略

"普通话学习评分"小程序适用于教师练习普通话，也可作为学生自主学习的资源，还可以设置声调、声母、韵母、平翘舌等针对细节发音的练习，练习完成后可由评分系统直接评分。

案例实操

步骤 微信搜索"普通话学习评分",点击进入小程序。小程序首页有名句、诗词、绕口令等练习内容。直接点击句子,即可进入录制界面,点击"**录音**"进行录制,录制完后点击"**播放**"按钮进行录音回放,点击"**评测**"进行系统评分,如图6-6所示。

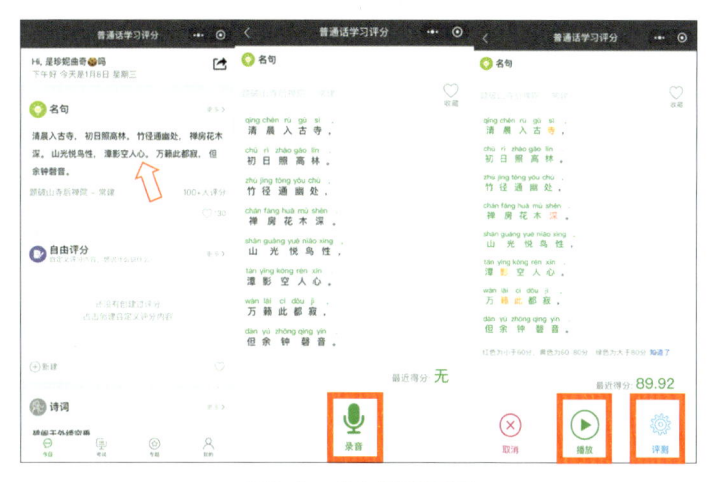

图6-6 名句测评页面

(1)如何创建自由评分?

步骤1 首页点击"**自由评分**",输入想练习的句子,点击"**创建**",如图6-7所示。

图6-7 新建自由评分

微信小程序的教育应用

步骤2 点击"**录音**"开始练习，点击"**评测**"对练习进行评分，如图6-8所示。

图6-8 测评

步骤3 点击底部"**我的**"，进入我的界面，点击"**自由评分**"即可看到输入的自由评分历史记录。可以根据个人需要选择保留或删除。评测的次数是有限的，可以在"**我的**"界面查看剩余评分次数。点击"**签到**"可增加系统评分次数，如图6-9所示。

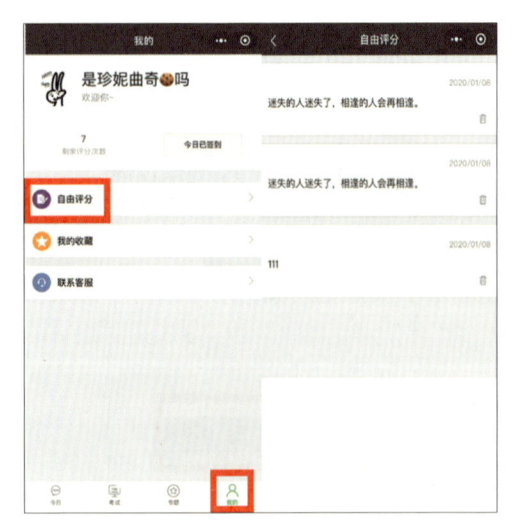

图6-9 自由评分查询

（2）如何练习普通话考试大纲内容？

步骤　点击底部"**考试**"，进入考试栏界面，共有为4个模块：单音节词、多音节词、短文朗读、命题说话。选择想要训练的内容点击进入练习。此处"命题说话"模块会有例文供大家参考练习，如图6-10所示。

图6-10　考试题目

（3）如何进行普通话专题训练？

步骤　点击底部"**专题**"，进入专题栏界面，有声调，声母，韵母和平翘舌等的练习，如图6-11所示。

图6-11　专题测评

拓展练习

"普通话学习评分"小程序简单易用，可用于练习普通话，请任意选择一篇内容进行朗读评测。

3. 中小学有声语文教材——语文示范朗读库

扫码演示

扫一扫，观看该案例的微视频。

应用情景

央视主持人朗读中小学语文课教材内容，让学生在课前跟读课文，学习字词句的标准发音，提高教学效率。

技术策略

"语文示范朗读库"小程序是集结70多位中央电视台优秀的播音员、主持人和顶级录音师，为中小学语文课文录制的一部高标准、高品质的"有声语文教材"。

案例实操

步骤1 微信搜索"语文示范朗读库"，打开首页如下图。点击想要学习的教材，如：点击一年级"上册"，点击"小松鼠找花生"即可进入音频与文字界面进行欣赏与跟读，如图6-12所示。

图6-12　查看课文朗读流程

步骤2　如想关闭小程序后还能继续播放且单曲循环播放课本朗读音频，则需要返回至首页，点击底部"**我的**"，点击"**单篇朗读循环**"，"**确定**"即可，如图6-13所示。

图6-13　单篇朗读循环功能

步骤3 点击**"朗读者"**即可直接找到喜爱的主持人所读的所有课文，如图6-14所示。

图6-14 朗读者选择

拓展练习

"语文示范朗读库"小程序很好地解决了中小学语文教材课文标准朗读问题，课前预习，随堂练习，课后复习都会用到，快尝试使用一下，跟着主持人一起来朗读课文。

4. 政治高考必刷题

扫码演示

扫一扫，观看该案例的微视频。

应用情景

提供顺序练习、随机练习、专项练习等强化训练，并对错题进行解析，为高考政治学科考生提供针对性的练习。

技术策略

"政治高考必刷题"针对高考政治，为学生提供"刷题"题库，训练成绩可以参与全国排名，激发学生的学习斗志。

案例实操

步骤1 微信搜索"政治高考必刷题"，进入该小程序。

步骤2 该小程序底下有"首页、文章、错题集、排行榜、我的"五大模块。首页分别有顺序练习、随机练习、专项练习、题型练习等十二种"刷题"方法，如图6-15所示。

图6-15 "政治高考必刷题"功能介绍

步骤3 首页的十二种使用方法大同小异，下面以"**顺序练习**"为例。试题以知识点顺序排序习题，习题后有"解析、题数、加入、下一题"菜单，点击解析可以查看此题目的详细讲解，如图6-16所示。

图6-16 顺序练习

> **步骤4** 底部**"错题集"**模块为练习时答错的习题，根据错题所在知识点分类，以便再次练习，查漏补缺，如图6-17所示。

图6-17 错题集

> **步骤5** 点击**"排行榜"**模块，可以看到自己做题的成绩、排名、正确率、本周达标天数等，如图6-18所示。

图6-18 排行榜

步骤6 点击"我的"模块、"我的勋章"可以看到自己的成绩分别对应那个等级。"分享有礼"是分享获得积分,积分可以增加刷题数,如图6-19所示。

图6-19 我的

拓展练习

"政治高考必刷题"小程序简单易上手,学习者可尝试用此程序来完成每日刷题作业。

5. 纯正英语发音及人工智能矫正
——英语点读机 ABC

扫码演示

扫一扫，观看该案例的微视频。

应用情景

针对小学英语教材，进行课文音频的分句点读播放，手机就能实现点读机功能。除此之外还可以进行朗读评分，查看发音是否标准，可用于学生课前预习。

技术策略

"英语点读机ABC"收集了人教版、苏教版、上海牛津版等诸多版本教材的课文原文音频，对课文每句话进行了框选，用手机点击每一个想要学习的句子，便可同步播放教学音频。有的版本教材还支持跟读打分，智能评测发音是否准确。有很多类似的微信小程序，以下以"英语点读机ABC"为例进行操作演示。

案例实操

步骤1 微信搜索"英语点读机ABC"来到小程序主页。点击**"更多教材"**选择适合自己的教材，如图6-20所示。

图6-20 选择教材

步骤2 点击 ▣ 进入课文。用手指直接点击想要听读的句子便会同步播放，点击右下角的**"点读框"**，会显示可点读的范围。点击**"跟读模式"**，就可以进入自我测评页面，点击 🎤 就可以开始录音并得出测评分数，如图6-21所示。

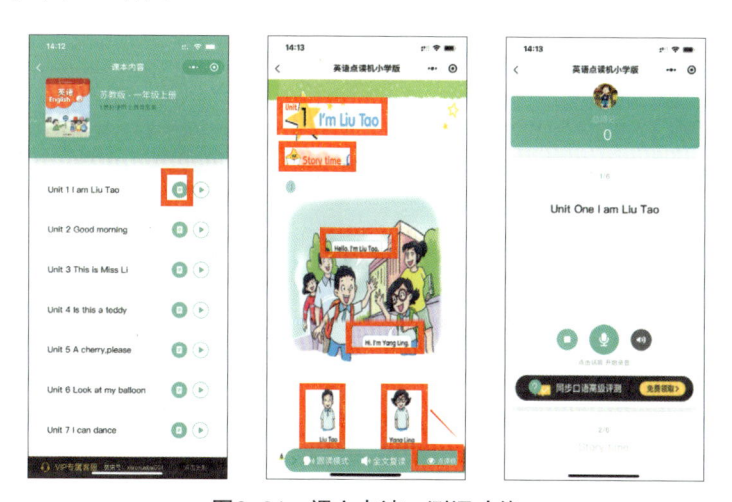

图6-21 课文点读、测评功能

> **步骤3** 在小程序底部"**班级**"模块选择自己的角色,创建自己的班级,进行班级内作业一览,如图6-22所示。

图6-22 班级模块

拓展练习

"英语点读机ABC"小程序模拟点读机实现了英语课文的点读功能,让学生更有针对性地对教材内容进行模仿朗读,还能创建班级进行班级作业管理。请尝试使用该小程序的创建班级功能布置学生的朗读作业。